大展好書 好書大展

大展好書 好書大展

大展好書 好書大展

超現實心靈講座 7

地球文明的超革命

深野一幸／著
吳秋嬌／譯

大展出版社有限公司
DAH-JAAN PUBLISHING CO., LTD.

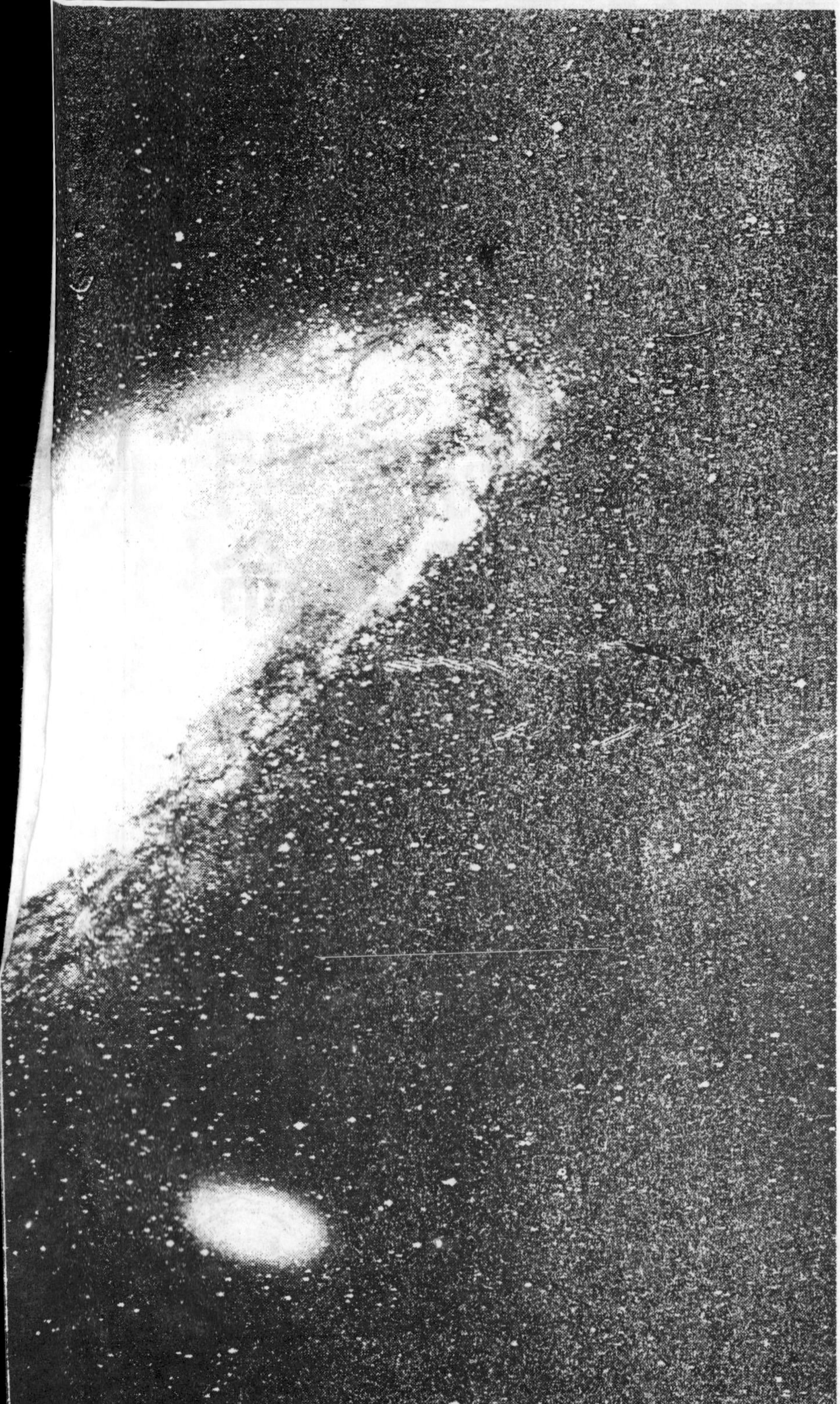

廣大無限的宇宙
在無盡的廣大空間中
蘊藏著無盡的能源
「宇宙能源」
——現在，實用化的理想
已經即將實現
迫在眉睫的地球規模超革命
人類的大改變開始了

三角形、四角形、五角形、六角形、八角形、六芒星、五芒星等，幾何學的圖形會與宇宙能源發生共鳴，產生能源。

請把美麗的圖形配置在各章的門扉上吧！

前言

大家都知道，現今地球因爲環境問題及能源問題等，正陷入嚴重的狀況中。雖說是環境問題，但大部分都與能源問題有關。只要能解決能源問題，則大部分環境問題也將迎刃而解。

解決能源問題的能源，必須是取代石油或核子力的「乾淨、安全、廉價、無窮盡存在的能源」。問題是，以現代科學的常識，尚未能發現這種能源。

當然，實際情形並非如此。包括科學家在內，世人大多不知道理想能源實際上已經被發現了。這就是所謂的「宇宙能源」。

各位對這個字眼或許感到陌生，但在前作『宇宙能源的超革命』中，也曾探討這個問題，所獲得的迴響之熱烈，令作者感到十分驚訝。

已經讀過前作的讀者，想必都知道宇宙能源就存在於我們周遭的空間中。嚴格說起來，是存在於空間的真空中。宇宙到處都是空間，因此宇宙能源是無窮盡存在的。

宇宙能源不僅無窮盡存在，而且乾淨、安全，又是免費的，可說是最理想的能源。

在知道我們周遭的空間中存在著理想能源後，還需要有能夠將其取出加以利用的裝置或設備。那麼，人類是否能夠開發出這種裝置呢？

各位請放心。正如這本書所言，有關取出宇宙能源的電氣裝置，或以水爲燃料吸收宇宙能源的裝置等的開發研究，已經在世界各地陸續展開。其中，有些裝置甚至隨時可以當作實用機來使用。以稍後將爲各位介紹的清家新一爲例，他所進行的有關取出宇宙能源的開發研究，甚至連通産省的官員都親自出馬，說服國家特別法人投資資金。由此可見，在一般人都知道宇宙能源的存在以後，相信在不久的將來，必然會展開全球性的大規模能源革命。

在我們周遭的空間中存在理想能源，而且也已經開發出取用能源的裝置，但是現代化科學卻始終不肯承認。其原因何在？一言以蔽之，原因就在於宇宙能源的粒子太小，現代科學無法精檢所致。

除了宇宙能源以外，還有許多現代科學無法理解的自然現象。例如，地心引力的構造、常溫核融合、高溫超電導及超能力或靈現象等。畢竟，現代科學並非萬能的。極端地說，這是有缺陷的科學。

那麼，現代科學的缺陷爲何呢？因爲這一點非常重要，所以我要引用前著內容再爲各位複習一遍。這缺陷就是，由無法察覺宇宙能源的存在即可知道，現代科學對於科學無法檢知的超微觀世界，無法發揮强大力量。

目前已知的是，宇宙是由肉眼看不到的多次元世界，和肉眼看得到的物質世界這種超微觀世界重疊形成的構造。而現代科學並未察覺到多次元世界的存在，因此，僅以物質世界爲研究對象的缺陷科學。

關於宇宙問題，多次元世界爲本質世界，其中含有無窮盡的宇宙能源，此外，也有具有意識，肉眼看不到的生命體存在。一般將肉眼看不到的生命體，稱爲魂、靈魂或是靈生命體。

現代科學不僅未曾察覺宇宙能源的存在，也沒有察覺到靈生命體的存在，所以是無視於宇宙本質世界，亦即多次元世界的缺陷科學。

那麼，要怎麼做才好呢？當然，首要工作是改變現代科學的研究範圍。現代科學是僅以物質世界爲研究對象的「物質科學」，因此，必須將它變成以多次元世界爲研究對象的「多次元科學」。這就是正如「新科學」的科學家所主張的，要改變科學的研究範圍。

現代文明之所以遭遇瓶頸，原因在於水準較低的地球文明，不知道有多次元世界存在。要突破地球文明的瓶頸，首先地球人的宇宙意識必須覺醒，正視多次元世界的存在。

一般人將科學視爲絕對，凡是科學不承認的事物，便一概不信。

因此，如果想要改變世界，就必須先改變科學。一旦科學改爲承認多次元世界的科學，一般人便較容易認識多次元世界，自然地宇宙意識也會開始覺醒。

當然，要改變科學並不容易。但只要「新科學」的科學家們能在不久的將來成爲主流，則要改變世界並非難事。可以預見的是，這將會是一百八十度的大轉變。

本書依據前作『宇宙能源的超革命』，追加報導宇宙能源的最新情報。目的在於促使現代科學的「物質科學」改變爲「多次元科學」——若本書能爲陷入瓶頸的地球文明打開僵局，對「改變現代科學」有所助益，則頗感幸甚！

在閱讀本書的同時，若能配合參考其它相關系列的書籍，相信各位更能瞭解現在的地球人是多麼落後了。

深野一幸

一九九二年一〇月

目錄

第4章　常溫核融合與高溫超導電的原理

第5章　現代科學是充滿缺陷的科學

第8章　一九九X年人類開始大變革

第 1 章

大發現！
宇宙是能源的寶庫

使「宇宙能源」實用化的
實用裝置正在開發當中
當前的「宇宙能源」開發實態！

●從空間中取出能源的清家新一

清家新一是出身日本東京大學的異色物理學家。

大學畢業後，清家先生立刻將全部心力投注於飛碟、也就是UFO的開發上。

一九九二年九月十七日，在知道清家先生開發出「宇宙能源發電機」與「反重力發生裝置」後，筆者立刻由東京飛往四國的宇和島，拜訪擔任「宇宙研究所」所長的清家先生，希望一覽裝置的廬山真面目。

我在該處所看到的「宇宙能源發電機」，是一種由空間取得能源的發電裝置，不僅不需要人力就能發電，而且所得的出力遠超過人力。儘管現代科學並不能承認這種構造的發電機，但清家先生卻違反現代科學的法則，開發出發電機來。

所謂的「反重力發生裝置」，就是自身會產生反重力，使重量減輕而飄浮於空間的裝置。

首先來談談「反重力發生裝置」。此一裝置爲直徑二〇公分、高約十三公分的半球體（請參照照片）。將裝置放在秤上，當五伏特，一・八安培的直流電通過時，重約二〇〇〇公克的裝置，會隨著時間的經過而逐漸減輕。

清家先生特地當著我面前進行實驗。在經過約十五分鐘後，重量減少了四・六公克。

雖然只減輕了數公克，但是只要電流通過就能使重量減輕的裝置的開發成功，才是最讓人驚訝的。

據清家先生表示，重約二〇〇〇公克的東西，最多可減輕九〇公克。考慮到秤不受電氣或磁氣的影響，測量重量一律使用彈簧秤。至於減輕的程度，並非任何時候都一樣，會因季節或時間不同而產生變化。根據清家先生的推論，這可能是由於天體配置所造成的影響。

雖因裝置小、電流也小，只能減少數公克或數十公克，所以無法完成使整個裝置飄浮於空中的飛碟，但是，卻在無心插柳的情況下，意外地發現了開發「反重力裝置」及瞭解重力發生構造的端倪，堪稱爲劃時代的偉大成果。

不過，該裝置並非只會減輕重量而已，有時也會因條件不同而增加重量。今後若能運用此一

清家新一所開發的「反重力發生裝置」，違反「現代科學的法則」，連現代 科學都難以置信

反重力控制重量，相信必能製造出地球製的UFO。

至於「宇宙能源發電機」，乃是既無電源也無驅動部，但卻能夠產生電力的劃時代裝置。此發電機能夠由空間取得宇宙能源，進而產生電。

由空間取得能源的「宇宙能源發電機」，可分如普通發電機一般旋轉發電的「驅動型」，以及沒有旋轉的驅動部存在，只是吸收宇宙能源發電的非驅動「固體型」兩種。

從維修的觀點來看，當然是「固體型」發電機較爲理想。清家先生所開發出來的，正是較爲理想的「固體型」發電機。該裝置與「反重力發生裝置」大致相同，爲直徑約二〇公分的半球體。

我要求清家先生讓我看到利用此一裝置產生電的情形。清家先生用接地線將裝置與電壓計連接在一起，當發生交流後，指針立刻顯示出大約五．九伏特。雖然無法準確地測定電流，但應該是在〇．一～〇．三安培左右。至於發生電的周波數，則爲一．二千赫。與平常所使用的交流約在五〇～六〇赫相比，足足超出二〇倍以上，因此，要將其實用化絕對沒有問題。

一般而言，由已開發的「宇宙能源發電機」所得到的電流，通常爲直流電。以這意義來看，能夠得到實用的交流電，具有不需利用整流器將直流轉換爲交流的優點。

此外，清家先生還開發了產生直流電的裝置，透過該裝置可得到二～二〇伏特的電。其缺點是電流極小，只有數毫安培左右。

清家先生所開發的「反重力發生裝置」—「宇宙能源發電機」，和以線圈電容器製成的裝置大致相同。簡言之，清家同時開發了不需旋轉由空間取得電的「宇宙能源發電機」以及「反重力發生裝置」。

稍後將爲各位介紹另一位同時開發「宇宙能源發電機」及「反重力發生裝置」的人士，英國的約翰·沙爾。不過，沙爾的裝置與清家所開發的裝置基本結構不同，必須組合永久磁石使其旋轉。換言之，清家的裝置，以不需要旋轉爲一大特色。

●根據飛碟的推進原理所產生的「反重力裝置」

清家先生出生於一九三六年四月，現年五十九歲。

一九六五年自東京大學數學系研究所修完碩士課程後，便在茨城大學及愛媛帝京短期大學任教，復於一九七三年在四國的宇和島，成立今「宇宙研究所」的前身「重力研究所」。自此與中央的物理學界隔絕，獨自致力於反重力裝置，亦即飛碟的開發。

清家新一的知名度不僅限於日本，同時，也爲海外研究者所熟知。

說起清家開發飛碟的動機，或許很多讀者會覺得難以置信，但關鍵確實在於曾和外星人接觸的親身體驗。

捧著「反重力發生裝置」的清家新一。清家的姓名也聞名於海外的研究者之間。

在宇和島市清家新一的「宇宙研究所」。於此開發了革命性的宇宙能源裝置。

一九五七年，爲東大二年級學生的清家先生，在課後返回租住處後，赫然發現筆記本上曾留有疑似來自火星的女性筆跡。其時正爲失戀所苦的清家先生，木然地瞪著筆記本上笨拙的日文：「努力到火星來吧！」

清家先生因爲這句話而重新振作起來，決心開發飛碟（ＵＦＯ）到火星去。於是在大學畢業以後，便致力於「反重力裝置」的開發。

在那之後，他又多次接獲留言，持續與外星人保持接觸。

不論是外星人或火星人，相信大部分的人都不相信其存在；但事實上，在火星、金星等地，確實有外星人存在。此外，不管是宇宙人或外星人，人類多半會把他們想像成極端怪異的生物，但真相正好相反，外星人大多是進化的人類。

由於篇幅有限，各位如想知道外星人問題的真相，請參考拙作『一九九七年地球大毀滅』。

開發飛碟的過程中，清家先生究竟以什麼作爲參考呢？根據清家的說法，在他就讀東大期間，適巧因與外星人接觸而名躁一時的美國人喬治·亞當姆斯基，出版了自己的體驗記，於是他便以此作爲參考資料。

亞當姆斯基將他實際搭乘金星、土星飛碟的經驗，收錄在『飛碟著陸』一書中，同時還附有飛碟的圖形（參照圖）。清家先生便以該圖爲藍本進行開發研究。

亞當姆斯基於一九五二年十一月二〇日，在加州某沙漠與乘坐飛碟前來的金星人接觸，此後並多次前往金星和土星，以傳達自身體驗和鄰近行星的情報爲工作，是真正的接觸者。

聽到金星上有金星人存在的說法，大部分人都會覺得：「怎麼可能呢？」但不論是金星、土星或火星，太陽系的其它行星與地球一樣，都是適合人類居住的安定環境，而且實際住著人類。雖然住在那兒的人類比地球人更爲進化，但金星人也好，土星人也罷，都和我們一樣，是有血有肉的人類。

與外星人接觸的喬治·亞當姆斯基

這些情報之所以令人難以置信，是因爲目前正以全球性的規模進行「隱瞞工作」。欲知詳情者，請參考我所寫的其它相關書籍。

清家先生根據金星的飛碟圖形，作了以下的分析。

關於飛碟飛行的部分，底部有三個「球電容器」、軀幹部分有三段「電容器線圈」，肩膀部分則有「力量線圈」。

首先利用電容器線圈，由空間取得宇宙能源

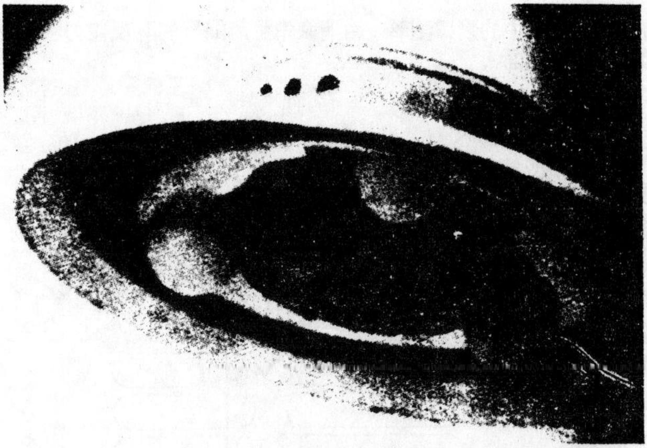

喬治・亞當姆斯基拍攝其所乘坐的金星飛碟。有三個球形電容器。

金星飛碟的剖面圖

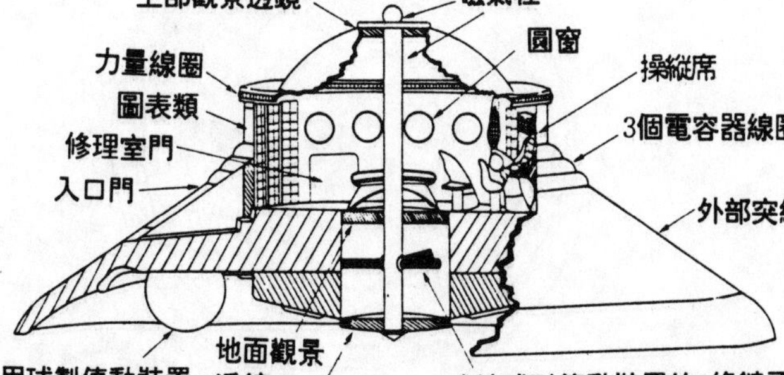

參考亞當姆斯基書中的飛碟圖形，由清家先生所開發的「反重力發生裝置」與「發電機」的圖面。

①力量線圈
②電容器線圈
③球形電容器
④磁氣柱
⑤鈦酸鋇磁碟
⑥共鳴線圈
⑦鐵氣體

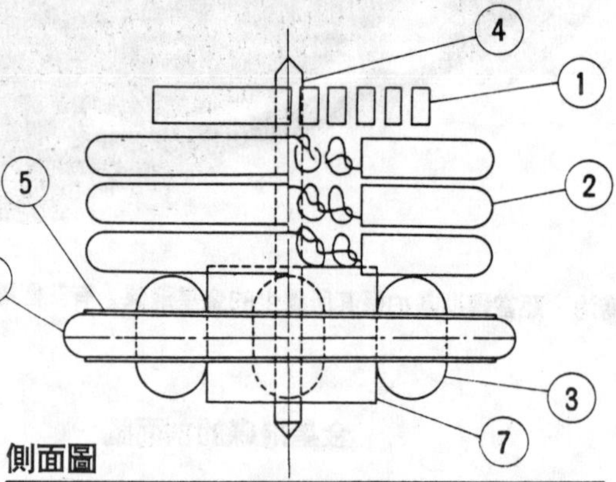

側面圖

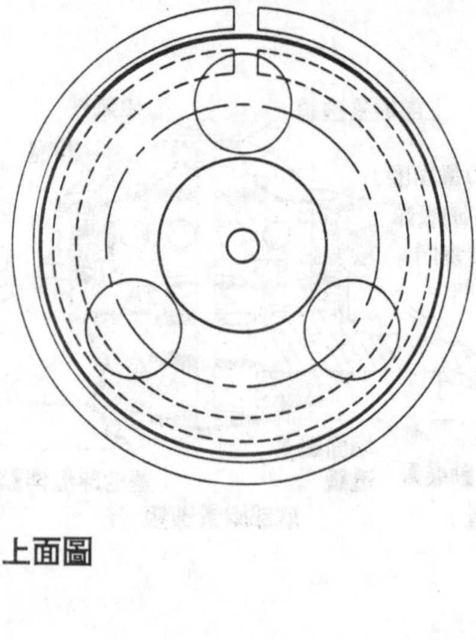

上面圖

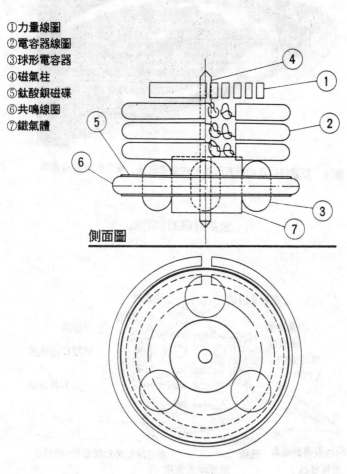

轉換爲電，送入電容器後讓三個電容器旋轉製造共振電場，使飛碟和力量線圈一起向上飄浮並往前推進。

清家先生就是利用飛碟的推進原理而從事開發的。

他運用邏輯方式解析飛碟的推進原理，寫成『超相對性理論』一書。

由清家開發飛碟的動機，可知他秉性純真、恬淡寡慾，是屬於學術派、情格溫和、坦率、不矯揉造作的人。

以支援清家爲宗旨的「宇宙艇」支援會，每隔一個月就會發行『宇宙艇』雜誌，傳遞最新的UFO開發情報。目前，「宇宙艇」的會員已多達六〇〇人。

而清家先生開發所需的資金，則完全依賴「宇宙艇」會員的捐助。

在一般人的眼中，飛碟的開發是「没有常識的研究」，經常招來異樣的眼光，因此要籌措開發資金也就倍加困難。

●成功的秘密在於線圈的捲法！

皇天不負苦心人，清家多年的努力並没有白費，利用線圈從空間取得電的裝置，以及會使整個裝置變輕的反重力發生裝置，終於成功地開發出來。其關鍵就在於線圈的捲法，詳細內容如下。

扭轉腰帶，形成扭環。

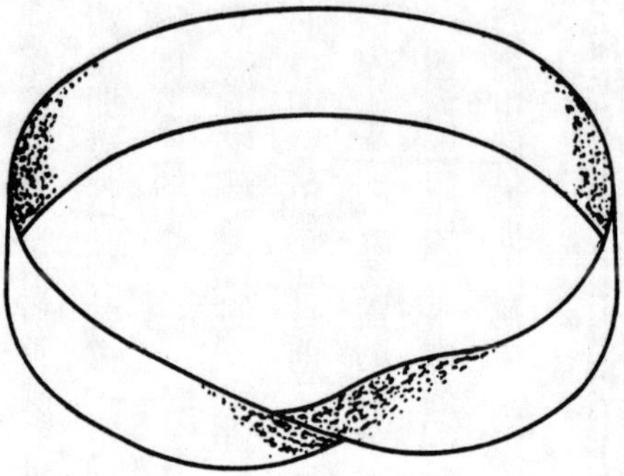

由扭卷所做成的線圈

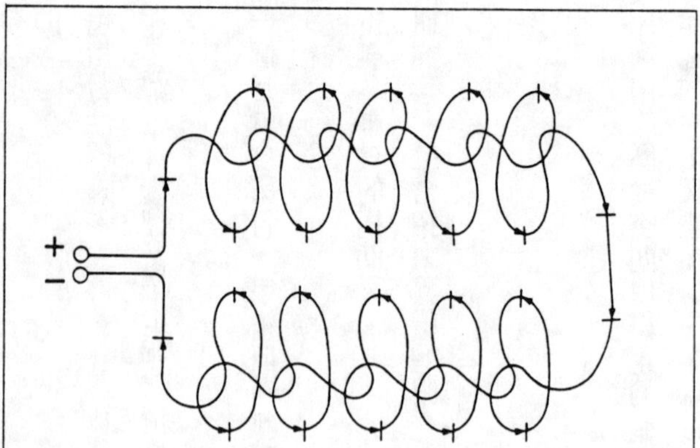

單純的線圈捲法，稱爲「圓筒型捲法」。採用此一捲法的線圈，當然不可能適用於宇宙能源發電機，也無法產生反重力。

清家先生在一開始時，就採用「扭捲」這種特殊的捲法。

巷他將膠帶先扭過再連起來，形成所謂的「扭環」。扭環又分右手系與左手系，將兩組合起來，便成了「扭瓶」。

所謂扭捲，就是將沿著膠帶表面的捲法所形成的環，先扭轉一次的捲法。持續此一捲法，就能形成扭捲的線圈。

前面說過，清家先生的裝置，是參考亞當姆斯基所附的飛碟圖形而製成的。同樣的裝置，可以製成反重力發生裝置，也可以製成宇宙能源發電機。

電容器線圈和力量線圈，都是採用扭捲方式，將右手系與左手系組合後製成的。有很長一段時間線圈都是使用銅線，及至改用晶體線圈後，終於成功地發生了反重力。而最近改用ＩＣ以後，情況更是大爲改善。

以普通銅線作線圈時，發電機會產生直流電。不過，此時電流極小。

●交流使用磁化鐵絲

如前所述，清家先生成功地開發出交流宇宙能源發電機。而成功的關鍵，就在於以磁化鐵絲當作線圈。

利用磁化線圈製造先前提到的三個電容器線圈時，不需任何電源就能產生交流電。交流爲三相交流，只要在三極當中任取二極，就能產生交流使用。

現今一般鐵絲的磁力爲八十六高斯，非常微弱，因此，所產生的交流電也很弱，只有五．九伏特、〇．一～〇．三安培。

今後，要使鐵絲的磁力增加一〇倍以上並非難事，一旦實現，相信必能大幅提升出力。

此外，目前三個電容器線圈是捲在塑膠環的周圍，如果改爲捲在永久磁石的環上，相信出力也會大幅提升。

爲此之故，使用釹的強力永久磁石，正在積極開發當中。

在一切順利情況下，將能製造出約五〇伏

不需要電源即可產生電的交流發電機。
照片產生3.49伏特的電。

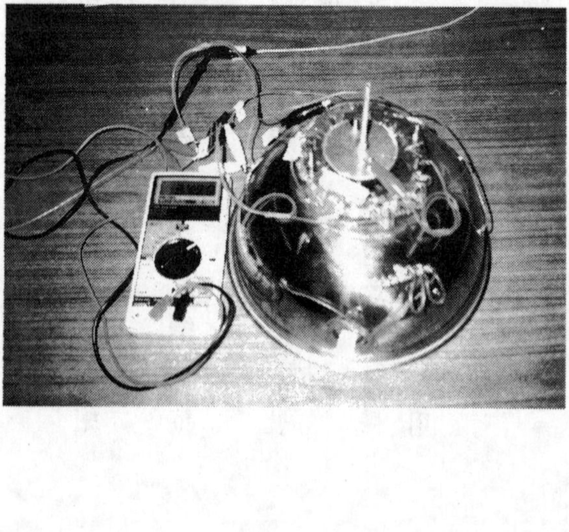

特、二～三安培的發電機，而且五〇〇公克的重量會減輕一半左右，同時發生反重力的裝置也可完成。

為了讓大家認識不需電源就能從空間中取得電的事實，清家先生計劃製作國中、高中生用的「宇宙能源發電機」的配套元件公開販賣。

按照其構想，一旦出力達到預定的目標，便將實用化的第一號裝在機車上，製成「電動機車」來販賣。

目前清家先生正個別進行反重力發生實驗及發電機實驗，但因反重力發生裝置與發電機裝置相同，故利用發電機所發出的電，當然也會產生反重力。如此一來，產生交流、直流的發電裝置重量應該也會減輕才對，可惜清家先生因為太忙而無法加以測定。

清家先生參考亞當姆斯基所描寫的金星飛碟圖，成功地開發出不需電源的反重力發生裝置，證明喬治·亞當姆斯基是真正的外星人接觸者，同時也顯示他所傳達的外星人及太陽系其它行星的情報是真實的。

十幾年前，清家先生曾在自宅附近目擊疑似母船的大型ＵＦＯ，因此，對ＵＦＯ的存在一向深信不疑。而在成功開發出反重力發生及由空間取得電等裝置的現在，清家先生更肯定地表示：

「外星人確實存在，而亞當姆斯基的確是傳達正確情報的外星人接觸者。」

●獲得日本通產省、環境廳官員的認可！

對於成功地產生反重力及由空間中取得電，清家先生如何以理論方式來說明呢？

清家先生在對「日本物理學會」及「日本航空宇宙學會」發表演講時，宣布了最近的研究成果。其說明如下：

首先是關於反重力部分。他以扭捲方式使線圈產生陽電子，再利用陽電子的反抗力而產生反重力。

至於發電方面，則是從真空的空間中，取得$10^{-88}g$的超微粒子「比連金粒子」而產生電。

這裡所說的「比連金粒子」，爲蘇俄出身的美國天文學家亞歷山大·比連金所提出，與本書所談的「宇宙能源」是同樣的東西。

清家先生所謂藉著陽電子的反抗力而產生反重力的理論，當然還需要進一步加以檢證，不過他的發明有其偉大之處，卻是無庸置疑的。

總結清家先生的發明，大致可分爲以下三個重要部分：

反重力發生裝置的開發

參考亞當姆斯基所描繪的飛碟圖形而成功地開發出來。成功的關鍵，在於以扭捲方式來捲線圈。

當通過五～十二伏特的直流電時，最多可減輕九〇公克的重量。減輕的程度，會因時間或季節而產生變動。除了減輕以外，有時也可能增加重量。

直流發電機的開發

利用此一不需電源和旋轉子等驅動部分的裝置，成功地產生了直流電。裝置與反重力發生裝置大致相同。現在的小裝置所產生的電力爲二～二〇伏特，電流則只有數毫安。

其秘訣在於以扭捲方式來捲線圈。

交流發電機的開發

將直流發電機的電容器線圈改用磁化鐵絲製成，便能形成三相交流發電機。這是不需電源和驅動部分的固體型發電機。

儘管目前只能使用八十六高斯的弱磁力鐵絲，卻成功地產生了約六伏特、〇・一～〇・三安培、一・二千赫的交流電。

總之，清家先生所開發出來的「反重力發生裝置」及「不需電源就能從空間取得能源的「直流・交流發電機」，都是使人類得以實現夢想的偉大發明。

清家先生的開發固然規模較小，只是基礎裝置，但只要有足夠的資金和人力，必然會大幅發展。

在看過清家先生所發明的裝置後，日本通產省及環境廳的官員都極表讚許，於是積極鼓吹國家特別法人「基盤技術研究促進中心」出資作爲研究開發費用。由日本政府的積極態度，適足以反映出能源問題及環境問題已經相當嚴重。

清家先生的裝置，是由空間中取得能源，藉此取出電，同時也顯示出電會製造出反重力。再綜合其它發明家所提供的情報，我認爲反重力是電製造出特殊的磁場，而磁場發生反重力所致。換言之，清家先生反重力裝置的開發，讓我們瞭解到反重力是由磁氣能源製造出來的。

一九九二年一〇月一日，日本電視臺在其播出的節目『世界超偉人一〇〇人傳說』中，曾經介紹了清家先生的發明。

●以水為燃料使汽車飛馳！

截至目前爲止，地球上共計約有五億萬輛汽車。而這些汽車，幾乎全部都以從石油中提煉出來的汽油、輕油作爲燃料。

隨著歲月的累積，汽車所排出的廢氣，引起大量污染、酸雨等公害，不僅破壞環境，也危害人類的健康，成爲非常嚴重的問題。

那麼，應該如何解決呢？

方法之一，就是改用電動車。沒錯，電動車不會造成公害，但是，電動車所使用的電，仍然必須透過發電廠以石沖或鈾爲原料製造出來，其結果只是將公害轉移到發電廠而已，並未真的解決問題。再從能源效率的角度來看，如果揚棄以石油爲直接燃料的舊法，改採用石油發電，以電作爲汽車動力的方式，爲了充分供應電動車所需的電力，恐怕非得設置更多發電廠不可。

這就好像趕走老虎卻迎來獅子一樣，未必真能蒙受其利。

那麼，對於汽車公害可有更好的對策？

像清家先生那樣，由空間取得宇宙能源產生電，再利用電作爲汽車的動力，形成所謂的電動車，或是如以下所介紹的一般，利用少許能源分解水，以所得的氫氣作爲燃料的水燃料汽車，都是很好的方法。以水爲燃料使汽車行駛的裝置，由美國的史丹利‧梅亞及澳洲的尤爾‧布朗分別開發出來。

爲什麼水可作爲燃料呢？以下爲各位說明其原理。

水，可透過電解方式得到氫和氧。所得的氫燃燒後，就能獲得能源。這時，最初進行電解所需要的能源，比燃燒所得的能源更大，因此總括來看，無法從水得到能源。

如果想要從水獲得能源，最初電解水時所需的能源，必須小於燃燒所得的能源。這時，只要利用少許能源將水分解爲氧氣和氫，就可以輕而易舉地辦到了。

大部分的人都認爲這根本辦不到，但是梅亞和布郎，卻利用少許能源成功地將水電解。

進行水的電解時，一般是在純水中加入氫氧化鈉或硫酸等電解質，接著放入白金電極讓直流電通過即可。不過在理論上，採用這個方法時，通常都需要電力。

而梅亞所開發的，卻是以脈衝波方式讓直流電通過的方法，所謂的脈衝波狀通過法，就是迅速、連續將電流開開關關而使電流通過的方法。

這時所使用的是十二伏特的電池，水則爲普通的水，不需要加入電解質。根據報告，和純水相比，含污染物的水或海水效率較高。

梅亞開發出這個方法以後，很多人都想獲得其專利權。另外，他還成功地開發出實用化裝置，試著製造以此爲燃料的汽車。

澳洲的尤爾·布朗，是從莫斯科大學物理系畢業的科學家，從年輕時代開始，就持續對尼可拉·提斯拉（有關尼可拉·提斯拉的研究，將在第二章中詳加介紹）的研究加以深入探討。其後並在一九七〇年代，開發出只利用少許電就將水分解爲氫和氧的方法。其具體方法筆者不得而知，但應該是與梅亞的方法極爲類似。

布郎的另一發現，是分解水所得到的氫與氧，以「化學量比」極爲穩定的混合比（這時爲二：一）的氣體狀態貯存著，他將其命名爲「布朗氣體」。一旦達到這個混合比，即使是容易爆炸的氣體，也能安全地貯存或搬運，而且，只需要使用一般常用的丙烷氣裝置筒即

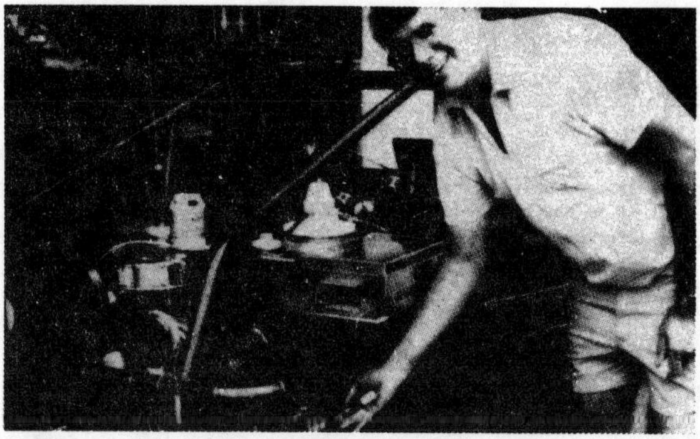

用電解水當成燃料開發汽車的史丹利梅亞。不會引起公害，是理想的水燃料車。

可。

除了安全性極高以外，布朗氣體還具有燃燒速度較快、燃燒溫度較高等優點。

布朗活用這些優點，將溶接系統實用化。

另外，布朗還成功地將布朗氣體與空氣混合燃燒，讓使用氫引擎的汽車行駛。

以布朗氣體應用於汽車的情形爲例，可安裝節氣車與減壓器代替現今汽油車的汽化器，另外再作若干調整，即可讓汽車奔馳。

當然，這時火星塞或氣門類不會有炭附著，排氣系統也不會受到腐蝕，能夠延長引擎的壽命。對環境和汽車本身而言，都是很好的。

只要稍加改造，亦即使用布朗氣體的改造型引擎，就可由一公升水中產生二〇〇〇公升的布朗氣體，讓車子跑三五〇～四〇〇公里。

根據報告，製造一公升的布朗氣體，只需要三瓦特的微弱電力。

那麼，爲什麼只需要一點電就能分解水呢？詳細情形將在次章爲各位說明。

而以梅亞的情形來說，關鍵在於以脈衝波狀使電流通，利用此一方法，即可由空間中吸收宇宙能源而產生電。所吸取的電一部分回到電池，使電池隨時保持充電狀態，是以不致消耗電力。

●從永久磁石取出能源的河合輝男

其次爲各位說明從永久磁石中取得能源的過程。

把針或釘子粘在永久磁石上放任不管，針或釘子絕不會脫離磁石。以力學的觀點來看，永久磁石長時間保持吸住針或釘子的狀態，或許不算從事工作，但是，在肉眼看不到的清況下，卻還不斷地消耗能源。

而不斷消耗能源的事實，也還意味著永久磁石源源不絕地產生能源。因此，只要花點工夫，或許就能永無止境地取出能源。

基於此一想法，過去有很多人致力於開發從永久磁石中取出能源的裝置。

可惜成功的人少之又少，而其中之一，就是前作『宇宙能源的超革命』一書中所介紹的河合輝男。

永久磁石具有吸住鐵等物質的力量。鐵一旦被吸住，除非給予超出吸力的力量，否則便無法脫離磁石。再者，永久磁石的吸引力固然可加利用，但，如果想要再度利用，則需要有超出吸引力的釋放力，因而形成瓶頸，無法從永久磁石中連續取得能源。

想要從永久磁石連續取得能源的話，在裝置連續運作時，必須使不斷吸引（或反抗）的力量發揮作用才行。河合先生就是在這一點上獲得成功。

成功地開發出電永久磁石取得能源裝置的少數成功者之一的河合輝男及其開發裝置。

河合輝男所開發的電永久磁石取出能源的裝置內部

下面就簡單介紹一下河合先生所開發之「取出永久磁石能源裝置」的原理。在此要特別說明的是，目前所製造的裝置，並非出力超過入力的發電機這種實用機，而是以永久磁石的磁力作爲運轉能源加以取出的基礎裝置。

簡單地說，就是當永久磁石接近利用電磁石轉動的圓盤馬達時，旋轉力會增加，而消耗電力相對減少的裝置。

在此對利用電磁石轉動的圓盤馬達稍加說明。圓盤是用鐵和鋁製成，周圍附有八個固定電磁石，依序將電磁石接上電源後，即可藉由電磁石的力量使圓盤旋轉。這是最基本的裝置。

當永久磁石靠近此一裝置的旋轉軸附近時，配合永久磁石的强度，馬達的運轉會上升、消耗電力則告減少。

富士電視臺的新聞性節目：『Super Time』，曾經介紹了河合先生的聲明。爲了增加公信力，該節目特地要求進行公開實驗，並請來明治大學理工學院的向殿政男教授作見證。結果，向殿教授證實，河合先生的裝置確實從永久磁石中取出能源。

目前有很多企業對河合先生的技術感興趣，有些企業甚至已經著手開發汽車用馬達。

如果真能用河合先生所開發的轉子取代馬達的轉子，再裝上强力永久磁石，能夠達到和以往同樣的出力效果，但是，卻能節省二〇%的電力及八〇%的能源。

河合先生所開發的技術，正朝著實用化的階段邁進。

●利用永久磁石產生電的特洛伊・里德

現年五十六歲的美國人特洛伊・里德，將永久磁石組合起來，成功開發出發電裝置。該裝置是由曲軸、注射器、圓盤、永久磁石等四個零件所構成。

曲軸共有四個棒，與注射器相連，而注射器中插入彈簧。藉著彈簧的固定、擠壓、解除，可使旋轉變得順暢，發揮調整旋轉數的作用。

在曲軸的兩端，各有一個旋轉的圓盤，合計爲兩個。圓盤內藏十六個永久磁石，另外還有十六個永久磁石固定於裝置的外側。

里德分別試作了高三〇公分及高一・五公尺等兩個裝置。下面所要介紹的是一・五公尺的試作裝置。

該裝置由木材、不鏽鋼、塑膠及鋁等物質所製成，使用含十二伏特電池的起動機開始起動。起動機連結曲軸，以此裝置最適當的速度，使旋轉數上升至大約五〇〇轉/分爲止。達到運轉連接後，連接電池的起動機與電池分離，透過安置於曲軸另一端的發電機產生電。

這個屬於試作機性質的發電機，具有充足的電力，不僅可以使一一〇伏特的吸塵器、電

利用永久磁石的組合能夠運轉的里德馬達與開發者特洛·伊里德。

風扇運轉，同時還能爲使起動機起動的電池充電。

此一裝置的原理，是針對安置於旋轉圓盤的十六個永久磁石，安置十六個與其對應、固定的永久磁石，利用永久磁石的反抗力而旋轉。永久磁石不單會反抗，也會產生相同强度的吸引，故通常不會連續運作。然而，里德卻巧妙地在吸引時，正好讓注射器與曲軸發揮作用，從而產生抵消吸引力的力量。

要言上，特洛伊·里德是設法減弱永久磁石的吸力，只利用反抗力使圓盤旋轉而成功地發電。

由里德記錄裝置運作情形所拍成的錄影帶，可發現附著於裝置上的大圓盤的旋轉，以及四個曲軸如活塞般依序運作的情景，與蒸汽機運作的狀態如出一轍。

因爲旋轉數爲五〇〇轉/分，速度並不是很快，故出力也不大。
據實際看過該裝置的人表示：「里德的裝置的確證明了永久磁石也能發電，只可惜其出力較低。」
目前，里德正在尋找可能買下其技術的買主。

●製造空中飄浮發電機的約翰・沙爾

除了取得電氣能源以外，也有人利用永久磁石製造出反重力。那就是先前所介紹的英人約翰・沙爾（一九三一年～）。
沙爾在一九四九年間，從事與馬達和發電機有關的工作。在研究過程中，他注意到旋轉中的金屬零件會產生電力，從而發現「旋轉的金屬（永久磁石）中的自由電子，藉著其遠心力具有朝放射狀方向移動的性質」。
那麼，如果集合在周邊部移動的電子，是否就能產生電呢？基於此一發現，沙爾開發了這個裝置。
沙爾的裝置，係由環狀磁石，呈小圓柱狀的轉子磁石及集電子電極所構成。
如次頁的圖所示，固定於正中央的環狀磁石，外側有十二個轉子磁石，再外側有自由移動的環狀磁石，再再外側又有十二個轉子磁石，而在外側還有環狀磁石、在其外側又有十二個轉子磁石……依此順序排列成甜甜圈狀。除了正中央的環狀磁石以外，其餘磁石都能自由運轉。在其外側，則有收集電子的電極。

本裝置在一開始時，需要使環旋轉的電源，故所產生的電力的一部分會成爲入力電源。等到維持定常以後，就不再需要電源了。

一九五二年進行公開實驗時，令人感到驚訝的是，這個裝置的旋轉速度雖低，卻產生了高電壓。

在與會者的驚呼聲中，發電機圓盤的旋轉數逐漸增加，終於離開架臺飄向十五公尺外的高空。後來，圓盤被粉紅色的物體包住在空中停留片刻，然後加快速度朝上空飛去。

總之，沙爾同時開發了由永久磁石中取出電的發電機，以及組合永久磁石製造反重力的裝置。

其後沙爾和同伴持續進行實驗，從小型機到直徑十二公尺的大型機，總共製造了四十架以上的機器以供研究。

將沙爾的裝置當發電機使用時，必須控制速度以免機器飛向空中；當成飛碟型反重力裝置使用時，則必須控制飛行，而這些技術都還沒有完成。

一般發電機在發電過程中，會出現裝置變熱的現象，而沙爾裝置卻出現宇宙能源發電機特有的「發電中裝置冷卻」的現象，由此可見確實是宇宙能源發電機。

約翰沙爾的裝置圖

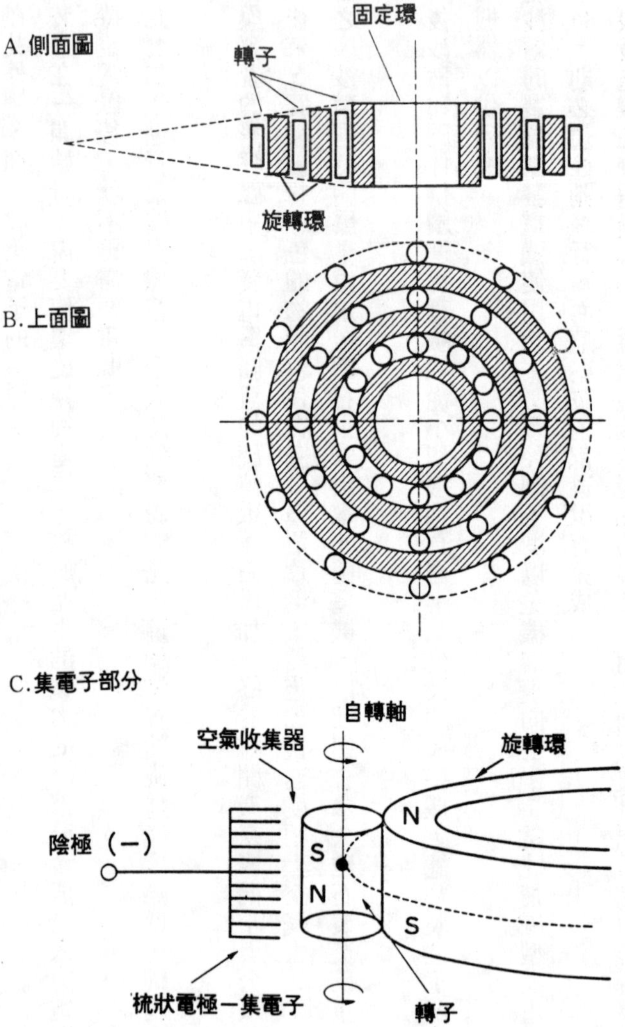

從事開發出力超過入力的宇宙能源發電機的研究者，通常都會遭到各種阻礙而被迫中止研究。沙爾也不例外，他曾因爲「使用電力較少」等不成理由的理由，被終止送電，房子也在一場原因不明的大火中化爲灰燼。

雖然研究資料已在一九八四年的火災中盡數燒燬，但是，現年六十四歲的沙爾，卻發揮不死鳥的精神，再度致力於開發工作。在寫給研究沙爾發電機的橫屋正朗先生的信中，沙爾透露有意將技術賣給日本企業。

綜合以上情報可知，沙爾是藉著組合永久磁石使其運轉而取得電，同時產生反重力。

先前所介紹的清家新一先生，也成功地開發出類似的裝置。

沙爾的裝置，顯示出永久磁石的磁力能夠產生電，以及反重力是由磁力所製造出來的事實。

●由解開金星文字之謎而開發出反重力裝置

英國的約翰·沙爾由永久磁石取出電、成功地製造出反重力，而南非技術家巴西爾·邦迪·巴格，則只是組合永久磁石，便成功地開發出運轉馬達（發電機）與反重力裝置。

弗迪·巴格開發飛碟的構想，源自看了喬治·亞當姆斯基根據訪問金星的體驗寫成的書。在第二次世界大戰中擔任飛行員期間，巴格曾被一種他稱爲謎樣戰鬥機的飛碟型飛行物

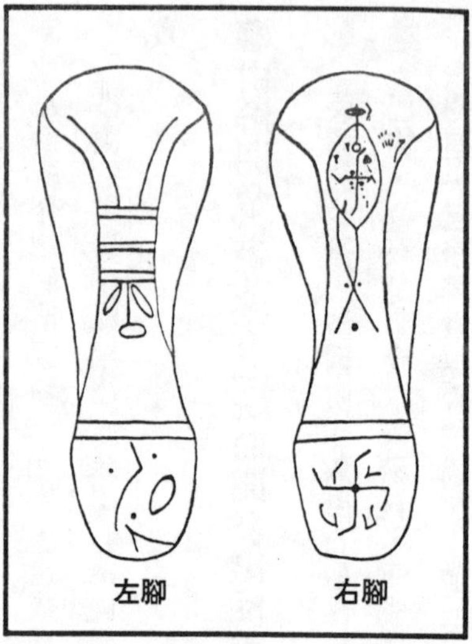

亞當姆斯基邂逅金星人時，金星人所留下的鞋印。

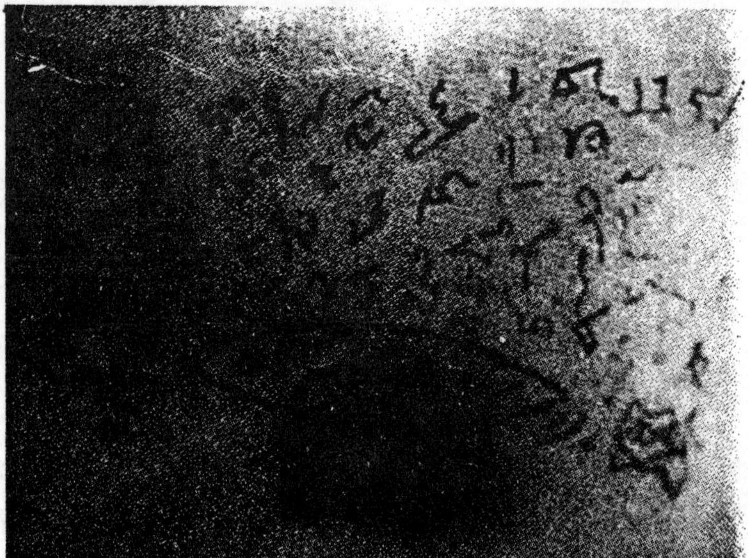

亞當姆斯基從金星人那兒所得到的金星文字與圖形。

體糾纏三個小時之久，其形狀與亞當姆斯基書中所描繪的太空船極爲類似。

巴格確信亞當姆斯基書中所記載的金星文字及足跡等圖形，就是太空船的推進原理，於是開始進行解謎工作。

雖然清家新一也是參考亞當姆斯基的書開始進行開發，不過二人所參考的情報並不相同。清家主要是參考金星飛碟的圖形，巴格則是以不知究竟記載何種情報的金星文字和足跡圖形爲參考對象。

在瞭解金星文字與圖形，成功解開原理之謎後，巴格著手開發裝置。總共花了九年的時間，才告大功告成。

巴格所開發的，是只需組合永久磁石就能運轉的馬達（發電機），以及光靠組合永久磁石就能飄浮的反重力裝置。

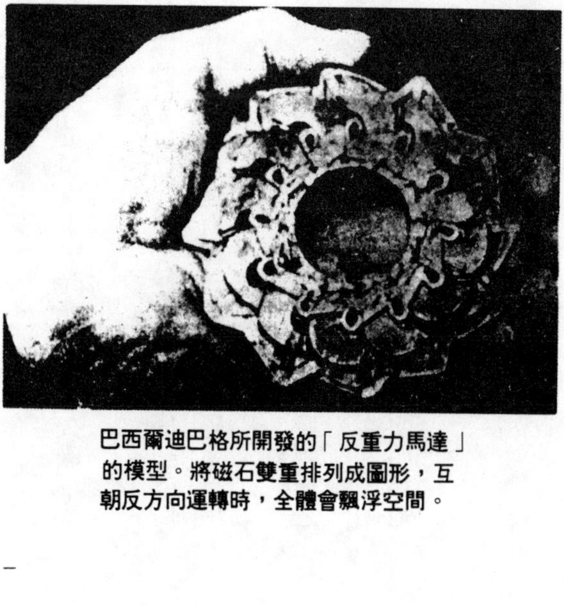

巴西爾迪巴格所開發的「反重力馬達」的模型。將磁石雙重排列成圖形，互朝反方向運轉時，全體會飄浮空間。

與約翰·沙爾的方法不同，只需組合永久磁石，就成功地開發出發電機及反重力裝置。

巴格於一九六二年將其發明在報紙、雜誌上公開發表。當財閥勢力獲知這項研究後，便派人對巴格進行嚴密監視，處心積慮不讓其裝置及技術普及社會大衆。

結果，巴格的技術並未普及於世界。但，他在不用電源的情況下，光靠組合永久磁石就能使馬達運轉，產生反重力的事實，卻不容置疑。

邦迪·巴格、清家新一以亞當姆斯基與金星人接觸所獲得的情報爲基礎獲致成功的例子，證明亞當姆斯基是真正的外星人接觸者，同時也證明他所傳達有關外星人及太陽系行星的情報，是真實的。

在日本，也有人仿效巴格的作法，在成功地解讀巴格用作參考的金星文字及足跡圖形之後，光靠組合永久磁石，就順利開發出運轉飄浮浮的裝置。

這個結果不單提高了亞當姆斯基情報的真實性，也讓我們更加確信，在金星有文明比地球人更爲進步的人類（金星人）存在。

●從永久磁石中如何取得能源？

由先前的叙述可以知道，永久磁石可取出無窮盡的能源。不過，永久磁石的磁力是從何發生的呢？以下就爲各位稍作說明。

首先將永久磁石分割，調查一下磁石和磁極會產生何種變化。

將細長的棒磁石縱剖爲之，形成二個大小爲原先一半的磁石。這時磁石的磁極只有一半，但N極與S極的位置不變。重複對磁石進行縱剖時，在維持細長磁石的前提下，狀況並未改變。

其後，將棒磁石橫剖，使長度減半，形成二個大小爲原先一半的磁石。這時，最初磁石N極的相反側形成S極，S極的相反側則形成N極。

重複將磁石橫剖，結果出現很多小磁石，但磁極形成的方式仍然不變。

換句話說，永久磁石不論切得再小，都一定是永久磁石。反過來說，永久磁石就是小磁石的集合體。

永久磁石切割到最小時，便成爲鐵的原子。而鐵原子本身就是磁石。

那麼，鐵原子爲什麼會變成磁石呢？主要是由於構成鐵原子的電子當中，稱爲不對電子的電子形成旋轉運動所致。

原子的構造，就是在原子核周圍有電子環繞。而電子本身在環繞原子核周圍的同時，會像地球一樣自轉。電子的白轉與公轉發生磁界，成爲磁石。

原子內的電子有成對的傾向，而且二個電子是朝相反方向運轉。因爲對電子是二個電子朝相反方向旋轉，會抵消相互的磁界，故外部不會呈現磁石性質。反之，當不成對的「不對電子」出現時，原子本身就會出現磁石的性質。

總括而言，永久磁石的磁力，就是由鐵原子中的不對電子運動而產生的。利用鈫等不對電子較多的元素能夠製造出磁力極强的磁石，原因即在於此。

另外，現代的核物理學，也可以說明原子中的電子持續永久運動。

●現代科學的研究手段有一定界限

現代科學，只能瞭解到永久磁石的磁力，是由於鐵原子内的不對電子運轉運動所致。至於電子運轉時何以會發生磁界，則不得而知。

同理，現代科學知道電流通過導線時，周圍發生磁界的現象，乃是基於電磁石原理，卻不明白何以電流通過導線會產生磁界。

而現代科學不肯承認永久運動，卻又認爲只有原子中的運動是永久運動，很明顯地是自相矛盾。

凡此種種，都足以證明現代科學並不瞭解有關電子方面的基本構造。

現代科學能夠測出電子的質量或電荷量，也知道電子的大小約爲10^{-17}公分；不過，這只是以現代科學的測定手段，所能測出的最小限度的數值而已。

總之，現代科學的研究手段有一定的界限，是以對電子的大小及構造並不瞭解。也就因爲如此，才會有不肯承認永久運動，卻又因無法解釋原子中電子運動的能源補給問題，而認爲它是永久運動的情形產生。

只承認原子中的永久運動，很明顯的就是一種矛盾。因爲，自然法則應該適用於一切事物才對。

●物質世界全都是由宇宙能源所形成

那麼，人類是否真的不瞭解電子的構造呢?關於電子的構造，也有其情報存在。前日本電氣通信大學教授，現任日本精細科學委員會會長關英男博士，將所收集的各種情報加以整理後，寫成一篇論文，名爲「通往統合科學之路」。其情報內容大致如下：

- 原子或太陽系全都基於磁氣法則而活動。
- 與電氣相比，磁氣更爲基本。
- 電子是由單極磁氣粒子所構成。單極爲磁氣粒子比電子更小約10^{-20}以上。
- 電子是軸對稱的旋轉體，並不固定，爲不斷地有單極磁氣粒子以螺旋狀方式流出、流入的流動體。單極磁氣粒子流入電子時形成正電，流出電子時形成負電。

・中子也是單極磁氣粒子流入、流出的旋轉流動體，有磁氣粒子以球對稱的方式，從各個方向流入、流出。陽子也是相同的情形。

關英男博士根據上述情報，推斷電子的構造如五五頁的圖所示。

另外要說明的是，這裡所說的單極磁氣粒子，就是我所謂的「宇宙能源」。

這些情報對於瞭解宇宙構造及物質構造而言，非常具有參考價值。

首先就是，宇宙的物質，全都是由單極磁氣粒子所組成。換言之，宇宙是由單一材料所構成的。

再者，電子是由超微粒（比電子更小二〇位數以上）的磁氣粒子所構成，並非固定，不斷有磁氣粒子流入、流出，爲軸對稱的旋轉流動體。磁氣粒子在流入、流出之際，符號會由正改爲負。

中子和陽子也是由單極磁氣粒子構成，有粒子不斷流入、流出，因此，由中子、陽子、電子所構成的原子，全都是單極磁氣粒子，亦即由宇宙能源所構成。換句話說，物質世界的物質，全都是由單極磁氣粒子，也就是宇宙能源所構成。

電子是單極磁氣粒子不斷流入、流出的軸對稱旋轉體，而永久磁石的磁氣，就是鐵原子的不對電子流出的單極磁氣粒子。

同時。永久磁石的磁氣能源，會透過鐵原子的不對電子，由空間中不斷地補充宇宙能源（單極磁氣粒子）。

各位想必早已瞭解，在我們的周圍的空間中，充滿著電子構成要素宇宙能源，只要集合大量宇宙能源形成電子，就能得到電子。

認爲電子、陽子或中子，會因單極磁氣粒子（宇宙能源）不斷流入而獲得補給，是以原子內的電子、陽子或中子會進行永久運動的想法，是錯誤的。事實上，陽子、電子、中子和人類一樣，也有新陳代謝的現象。

至於流通於導線的電流在導線周圍形成磁界的現象（安培原則），由電子模型可以知道，磁界是由電子在導線中，沿著旋轉軸方向不斷以螺旋方式流出的單極磁氣粒子所形成的。

電子的構造

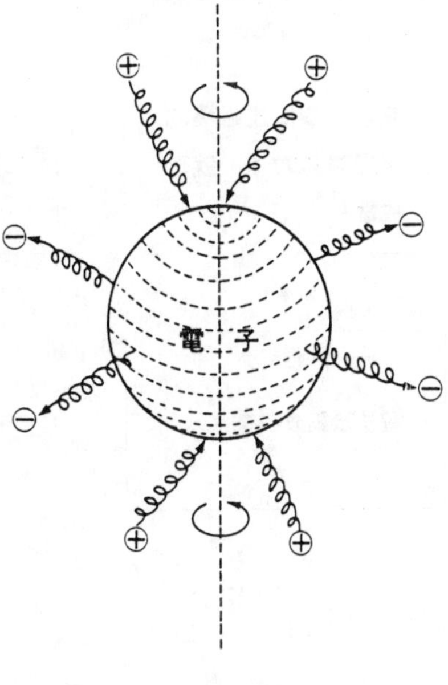

以軸對稱方式旋轉的電子，不斷有螺旋狀的十單極磁氣粒子流入，也不斷有螺旋狀的一單極磁氣粒子流出。

由永久磁石取得電的構造

空間充滿單極磁氣粒子（宇宙能源）

↓

單極磁氣粒子流入構成永久磁石的 Fe 原子等電子中

↓

單極磁氣粒子由磁石的不對電子中流出，製造永久磁石的磁場

↓

集合許多構成磁場的單極磁氣粒子，就形成電子

↓

電子聚集成為電

由空間取得電的構造

空間充滿單極磁氣粒子（宇宙能源）

↓

從空間大量取出單極磁氣粒子

↓

集合大量的單極磁氣粒子成為電子

↓

電子聚集成為電

電流與磁界

電流流動時，導線周圍會產生磁界。這是電子朝旋轉方向聚集而流出的單極磁氣粒子製造出磁界，如此想像就能夠加以說明。

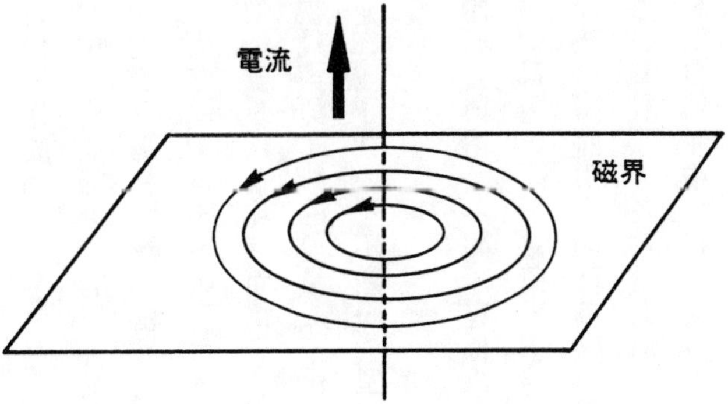

其它各種現代科學無法說明的現象，也可以利用這個模型來加以說明。

此外，電子是以光速運動，但，因爲有單極磁氣粒子（宇宙能源）流入的緣故，流入速度比電子的速度（光速）快了許多倍。

由此可知，宇宙間有運動速度超出光速以上的粒子存在。這也就表示，認爲沒有比光速更快的速度存在的「愛因斯坦原理」，其實是錯誤的。

當然，並非所有的宇宙能源都比光速更快，速度會因粒子的大小不同而改變，有的比光速快，有的則比光速慢。

●引力和宇宙能源有關

既已瞭解中子，陽子、電子爲單極磁氣粒子出入的旋轉流動體，也就不難看出引力的構造。

下面就爲各位稍作說明。

在由陽子與中子構成的原子的原子核周圍，有電子旋轉著。

前面說過，電子有正單極磁氣粒子流入，負單極磁氣粒子流出，但是，由電子流出的負單極磁氣粒子，夾在原子核間，與引力無關。

引力與物質的質量成正比。而電子的質量非常小，幾乎就等於原子中的原子核重量；因此，可將引力視爲與原子核的質量成正比。

根據推論，在陽子與中子不斷吸收單極磁氣粒子，然後放射出來的過程中，所吸收的吸引力就成爲引力。

原子核整體而言與電子不同，有負單極磁氣粒子流入、正單極磁氣粒子流出。

有關中子電荷爲零，陽子電荷爲正的原因，目前因情報不足無法加以說明。

根據先前所述，可將引力解釋爲陽子與中子吸入同一單極磁氣粒子的吸引力。爲了吸入相同符號的單極磁氣粒子，各物質的原子核之間會相互產生引力。

核物理學證明自然界中，有「强力」「弱力」「電磁力」「重力」等四種力量。其中以重力（引力）最弱，爲强力的10^{-39}、電磁力的10^{-37}。

引力之所以這麼小，是因爲單極磁氣粒子比電子更小幾十位數所致。

引力的構造

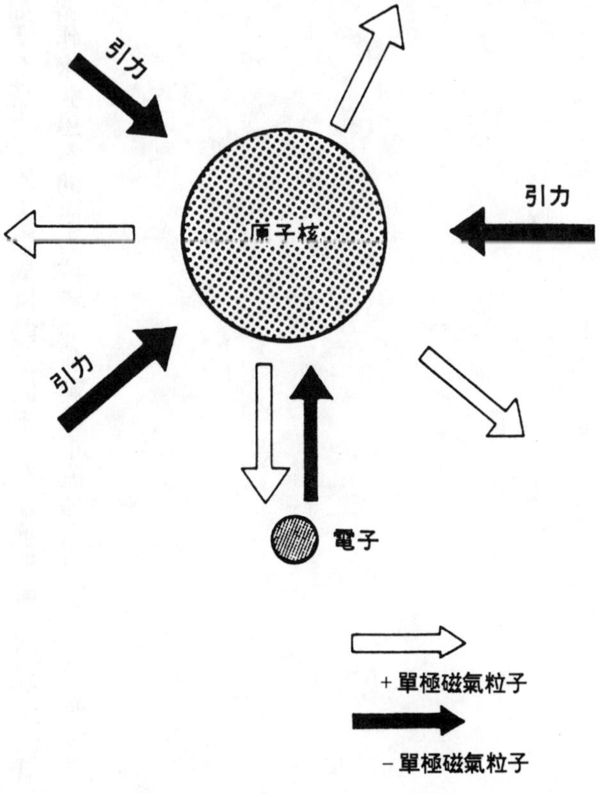

引力是所有物質的原子核吸收一單極磁氣粒子的吸引力所致。

此外，根據先前的說明，反重力是由磁氣製造出來的，這也說明了引力與單極磁氣粒子的關係。

正如本章所言，在人類周圍的空間中，存在著無窮盡的單極磁氣粒子，亦即宇宙能源，可將其當作永久磁石的磁力或流通脈衝波電流加以取出，進而產生電，反重力或分解水。

第 2 章

宇宙能源發電機的製造方法

「二十一世紀是宇宙能源的時代」
現今時代即將面臨
一百八十度的大轉變

●對宇宙能源的關心急速擴展

從周圍的空間中，可以取得源源不絕乾淨又安全的能源這個事實，並未獲得現代科學公開承認。

不過，美國的學術界，已經展開承認「宇宙能源發電機」或「宇宙能源」的行動。具體行動之一，就是在一九九一年八月四日～九日於波士頓召開的「能源轉換工學會議」上，發表了三〇份與開發宇宙能源發電機有關的研究報告。該會議是一年一度，由美國原子力學會、電氣工學會、機械工學會等七個學會聯合召開，相當具有權威性。在該次會議上，與會者將宇宙能源稱爲「免費能源」。

由此可知，美國科學會已經認可「宇宙能源」的存在。對「宇宙能源發電機」而言，這可算是劃時代的重大突破。當然，這也反映出世界性的能源危機已經降臨的事實。但美國學界認知宇宙能源的，畢竟只有一部分的人而已，要使整個物理學界都承認其存在。恐怕還需要花點時間。

至於日本，很遺憾地到目前爲止，還不見科學界展現任何認知行動。

值得安慰的是，在一般社會大衆之間，知道有「宇宙能源」或「宇宙能源發電機」存在的人，已逐漸增加。究其原因，與「宇宙能源」有關的書籍增加、電視台報導河合輝男的

「從永久磁石中取出能源的裝置」及清家新一的「發電機與反重力裝置」等，均功不可沒。

附帶一提，最近出版與「宇宙能源」有關的書籍，包括拙著『宇宙能源的超革命』『一九九×年地球大毀滅』『逃離地球大毀滅』，以及橫山信雄所著的『免費能源的挑戰』、多湖敬彥編譯的『未知的能源範圍』等。

而日本船井綜合研究所會長船井幸雄，透過書籍和演講闡明「二十一世紀是宇宙能源的時代」，筆者也經常以民間技術者爲對象，舉辦「宇宙能源座談會」或到各地演講，這些對於加深一般人對宇宙能源的認識，多少有點幫助。

和學術界比起來，民間企業展現了較靈活的應對態度。這點由國內許多大型企業，已經著手對宇宙能源發電機進行研究一事，即可獲得證明。

另外，政治界也開始展現認識宇宙能源或宇宙能源發電機存在的行動。證據之一，就是由某知名政治家所領導的政策研究小組，曾透過電話詢問筆者有關「宇宙能源」的問題。而在衆議院議員會館的會議室內，筆者也曾當著十幾名的能源部會的要員面前，解說宇宙能源及宇宙能源發電機。

上述人士對於能夠代替石油或原子力的理想能源果真存在的的說法，雖感到不可思議，卻也充分瞭解，並承諾今後會盡全力幫我。日本政治家開始認識宇宙能源的存在，同時願意協助推廣宇宙能源發電機，實在是非常可喜的現象。

若非如此，清家新一的發明根本無法獲得日本通產省及環境廳官員的認可，更別說是親自出馬說服國家特別法人出資作爲研究經費了。

這也正意味著，可取代石油或原子力的理想能源「宇宙能源」確實存在的認識，已在日本社會急速展開。

我認爲，今後將是利用宇宙能源的嶄新時代。而宇宙能源的最佳用途，就是當成電來使用。

一旦社會大衆認識宇宙能源的存在，取出宇宙能源的「宇宙能源發電機」的開發競爭，也就於焉展開。

有關宇宙能源發電機的原理，在『宇宙能源的超革命』一書中曾略微談及。至於本章，則將包括後來獲得的情報在內，對宇宙能源發電機的原理，以及過去所開發之宇宙能源發電機是基於何種原理製成的，做更詳盡的說明。對今後有意開發宇宙能源發電機的研究者而言，本章所提供的情報，將會是非常寶貴的參考資料。

●取出宇宙能源

撇開現代科學並未察覺宇宙能源就存在於我們周圍的空間中不談，取出宇宙能源的方法其實並不簡單。不過，不知道宇宙能源卻加以利用或承其恩惠的例子，倒非常多。像氣功的氣能源、森林浴能源、溫泉的醫療效果、金字塔力量、遠紅外線陶瓷或水晶的力量等等都是。

由這些例子可以推知，宇宙能源不單可以成爲電或製造反重力，還具有增進健康，引起超能力等各種作用。關於這些作用，將在次章再詳加說明。

宇宙能源能夠形成電，用來增進健康或治療疾病。一般而言，要想形成電的話，必須在短時間內大量取出能源。

宇宙能源的取出方法很多，而由既有的例子來看，大致包括以下幾種：

- 使其共振
- 使用永久磁石
- 使其放電
- 使其與形狀共鳴
- 利用材質加以收集
- 製造旋轉或漩渦
- 由生物收集

說明如下。

◆使其共振（配合波動）

真空中的宇宙能源，既是超微粒子，同時也是具有超高振動數的波動。換言之，它和光一樣，具有粒子和波的性質。

波一旦共振，就會產生能源移動現象。所謂共振，是指二個物體的振動數相同，或具有整數倍、整數分之一的關係，當一方振動時，另一方也會開始振動，並產生能源移動的現象。

例如，敲打二個振動數具有共振關係的「音」的其中一方，然後放置一旁，這時距離較遠的另一個「音」，也會產生鳴叫的現象。這就是一邊的「音」因爲共振，而將能源移動到另一邊的「音」所造成的。

另一個例子是收音機、電視的電波。在我們周圍的空間中，有很多周波數不同的電波飛散著，當製造出與想聽的收音機或想看的電視之間周波數振動數相同的振動時，就能引起與目的電波共振的能源移動，從而能聽見收音機裡的聲音或看到電視。

宇宙能源與收音機或電視的電波屬於同樣的波，故只要製造與宇宙能源共振的振動，就會引起能源移動，從真空的空間中取得宇宙能源。

問題是，宇宙能源的振動數我們不得而知，只知它是超高振動數的複數波，因此，或許可以與各種振動數共振吧？

製造振動的方法，除了一般的振動以外，也可以製作共振回路形成電氣式振動。再者，將電以脈衝波狀流入引起共振，也能取得宇宙能源。如先前所介紹的，只要利用少許能源將水分解爲氫與氧；至於把水當成燃料的技術，就是利用此一方法取得宇宙能源。

總之，共振現象可說是取得宇宙能源最基本的手段。

◆使用永久磁石

前一章說過，永久磁石的磁力，起因於原子中不對電子的旋轉運動。電子爲宇宙能源不斷流入、流出的旋轉流動體。在透過旋轉運動放出宇宙能源的同時，也不斷地補給宇宙能源。宇宙能源是單極磁氣粒子，電子則是超微粒子的磁氣粒子塊，因而能夠收集永久磁石的磁氣形成電。

永久磁石不斷由真空中取得宇宙能源，復以磁氣的形態將宇宙能源表現於物質世界。所以，可將永久磁石視爲吸取宇宙能源的唧筒。

◆使其放電

所謂放電，就是不使用導線，製造空隙而有高電壓電流流通時，使原本不通電的空氣離子化，產生火花而釋放電的現象。這時，真空中的宇宙能源，會出現大量釋放的情形。

爲什麼放電能釋出大量宇宙能源呢？由於電很容易通過空氣中，因此，成爲電子材料的磁氣粒子，亦即宇宙能源，便能大量收集。

自然現象當中，雷也是一種放電現象。雷是電的一種，當空中宇宙能源的存在發生偏頗時就會形成雷，以使其歸於平衡。雷雲是以空中的沙塵爲核所產生，一旦雷雲中的宇宙能源蓄積過剩，就會成爲電而出現放電現象。

雷放電時，大量的宇宙能源就能從真空中吸出來。被雷擊中的米吃起來之所以格外美味，就是宇宙能源所產生的效果。

除了空氣中以外，在真空中使其放電也會出現同樣的情形。總而言之，真空中的放電，能夠大量放射出宇宙能源。

由此可知，弧光燈及各種弧光技術，也是宇宙能源大量放射出的結果。

◆使其與形狀共鳴

宇宙能源一旦與幾何圖形共鳴（共振），就會產生種種現代科學無法解釋的神奇性質。

與圖形共鳴（共振）時，由取出宇宙能源的圖形，就能產生釋放宇宙能源的現象。

圖形為立體圖形或平面圖形均可。隨著圖形的不同，宇宙能源的種類、性質及強度也有所不同。

所謂的平面圖形，包括三角形、四角形、五角形、六角形、八角形、圓形、月牙形、六芒星、五芒星等，立體圖形則包括球、半球、正十二面體、金字塔等。以平面圖為例，光是將六芒星或五芒星等圖形畫在紙上，就可由圖形中放射出宇宙能源。

和有些人可以經由手掌感覺到氣功所發出的氣能源

六芒星

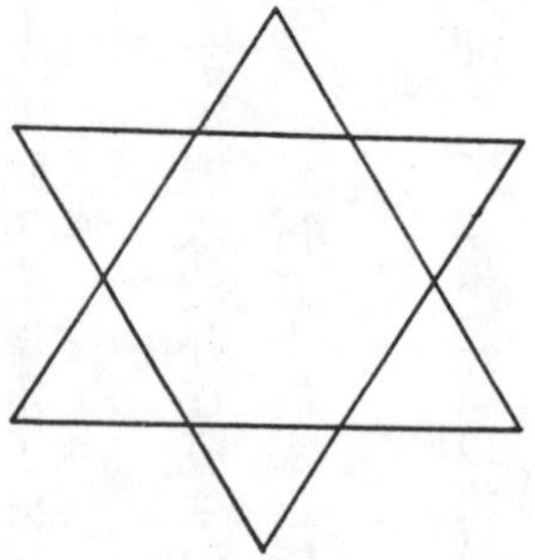

五芒星

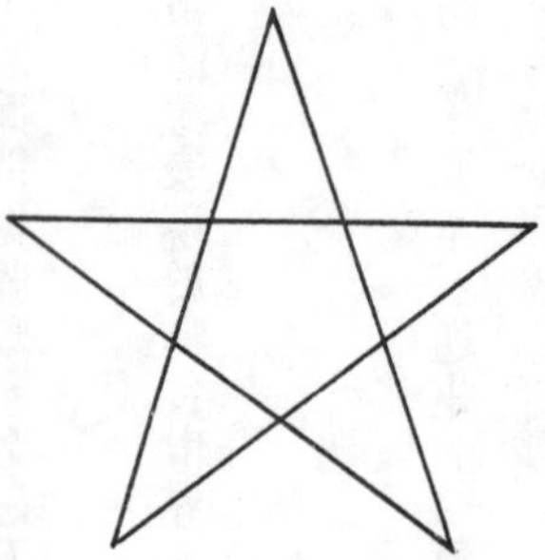

一樣，光是把手罩在圖形上，應該也能感覺到能源才對。部分超能力者在描繪宇宙能源放射的情景時，經常會提到看到了一股「氣」。事實上他們所看到的，正是由於圖形所放射出的各種顏色的氣。一般來說，氣的顏色和大小，會因圖形而有所不同。

金字塔是由三角形與正方形組合而成的立體，當製造形狀與埃及大型金字塔類似的物體，而且其中一邊與南北吻合時，便能產生稱爲「金字塔力量」的宇宙能源。更神奇的是，製作金字塔的材質不拘，只要做出骨架即可發揮作用。

在由內部中央下方到三分之二高處收集宇宙能源的同時，頂點也會放射出別種宇宙能源。舉例來說，如果想要獲得金字塔力量，則方位必須配合磁石的南北。此一現象，也可以用來支持宇宙能源爲單極磁氣粒子這項情報。

次頁照片中所顯示的，是放射出稱爲「彌勒佛力量」的宇宙能源的商品。其構造爲在六角形的形狀當中，配置許多小金字塔。在金字塔內部，則填充稍後將爲各位說明，能夠强力集積、放射宇宙能源的水晶等礦物，表面復以金或銀作爲裝飾。這是藉由形狀與材質釋出强大宇宙能源的最佳例子。

由「彌勒佛力量」所釋出的强大宇宙能源，能夠發揮如次頁所介紹的各種宇宙能源效果。

在先前介紹的清家新一利用扭捲這種特殊捲法捲線圈，成功地取出宇宙能源用於發電上的例子當中，扭捲所占的地位，就如同能大量吸收宇宙能源的立體圖形一般。

◆利用材質加以收集

有些物質容易收集宇宙能源，有些則不然。

總括來說，金屬較容易收集、放射宇宙能源，但也會因種類不同而有强弱之分。關於强弱的順序，大致爲金、銀、白金、銅、鋁、鐵。

金或銀能放射强大的宇宙能源，故佩帶金、銀飾品對身體很好。

在日本，有將面值十元的銅幣與一元鋁幣貼在身上的「十一圓健康法」，這正證明了銅和鋁具有將宇宙能源吸入身體的效果。

礦物當中，也有能夠放射强大宇宙能源的物質，如水晶、青金石、瑪瑙、電氣石、鑽石等寶石。

另外還有所謂的遠紅外線陶瓷。坊間雖有標榜遠紅外線效果的陶瓷商品，不過大部分的人都沒有察覺到，

由小型金字塔排列成能夠放射宇宙能源的商品。

其實只要將陶瓷放置在常溫中，就能產生超乎微弱遠紅外線以上的強大宇宙能源。

目前我們所知道的遠紅外線效果，幾乎都來自宇宙能源。至於宇宙能源究竟具有哪些效果，將在次章詳細說明。

爲什麼有些礦物能夠放射宇宙能源呢?究其原因，與礦物的結晶構造，大多爲三角形、六角形、八角形等平面或立體的幾何圖形有關。

前面說過，平面或立體圖形，能與宇宙能源共鳴而使其放射，而由這些圖形所形成的礦物結晶，當然也能大量收集。放射宇宙能源。

此外，水也是容易蓄積宇宙能源的物質。其證據就是，溫泉或各地名水、海水都充滿了宇宙能源。

據推測，水之所以容易收集宇宙能源，原因可能在於結合的水分子構造。

由圖形可與宇宙能源共鳴這一點來看，可知宇宙能源與美麗的圖形共鳴。在大自然界裡，有被視爲美麗比例的黃金分割這種說法，凡是符合比例的圖形，都容易與宇宙能源共鳴。

◆製造旋轉或漩渦

製造旋轉或漩渦，也較容易取得宇宙能源。

宇宙具有相似的階層構造，以原子爲例，在原子核周圍有電子旋轉的構造，在其上位的相似構造，是以太陽爲中心、行星繞著太陽旋轉的太陽系。由太陽系所構成的幾個太陽系，也繞著上位的太陽周圍旋轉。

宇宙的階層性相似構造，在超微觀世界中也成立。

據此可以推知，宇宙能源也會旋轉，且其旋轉並非單純的晝圖運動，而是螺旋式的漩渦旋轉。

製造旋轉或漩渦所以能吸收宇宙能源使其放射，乃是因爲宇宙能源本身會形成螺旋狀漩渦所致。而漩渦或旋轉會產生共振。

例如，水劇烈旋轉時，就能吸取宇宙能源成爲美味的宇宙能源水。目前在市面上，就有利用此一原理製成的「旋轉式」水龍頭販賣，這種水龍頭標榜只要讓水劇烈旋轉，就能吸取宇宙能源成爲活性水。儘管大部分的人都不相信這個說法，但是我卻經由實際使用確認了「旋轉式」水龍頭的功效。此外，南斯拉夫的蕭貝爾加（一八八五～一九五八年），也根據水的漩渦旋轉方式可由空間取得能源的原理，實際利用水的漩渦旋轉開發原動機，成功地淨化了河川的水。

◆由生物收集

除了無機物以外，也可以利用生物收集宇宙能源。所謂生物，包含包括人類在內的各種動物或植物。

以人類來說，光是一般的呼吸，就能多少的空間中取得宇宙能源。如果採用緩慢的腹式呼吸，則更能大量吸收宇宙能源。

練氣功或瑜伽的人，由周圍的空間將宇宙能源吸入體內，再經由手放射出氣能源，或治療疾病或展現各種超能力。

某些超能力者之所以能使手中的燈泡發亮，主要是由於透過身體從周圍空間中，大量收集宇宙能源產生電所致。

動物收集宇宙能源的顯著例子，首推鰻魚和鱉。由於牠們的體內大量蓄積宇宙能源，因而成爲美味的强精食品。

電鰻之所以會放電，原因就在於具有大量收集宇宙能源的能力。

微生物的體形雖小，收集宇宙能源的能力卻很强。因此，酒或味噌等經由發酵所製成的食品，都充滿了宇宙能源。

只要到森林走一趟，就可以知道植物也能集積、放射宇宙能源。森林浴所以有益健康，就是因爲樹木會不斷放射宇宙能源的緣故。另一方面，能感受到宇宙能源的人，應該也能感受到從水所釋放出來的能源。

像高麗參、艾草、蕺草、竹葉、柿葉、松子等對健康有益的植物，關鍵就在於植物的本身所蓄積的宇宙能源。

●一般發電機也能吸收宇宙能源

宇宙能源的取出，共有以上各種方法。截至目前爲止，已經有很多人開發出出力大於入力，或不需電源直接由空間取得電的發電機，他們所根據的原理，都是利用先前所介紹的宇宙能源取得方法的一種或多種組合而成。

基本上，要想取出宇宙能源當成電來使用，只需大量收集宇宙能源即可。

其次要爲各位介紹的，是以往的宇宙能源發電機係基於何種原理而開發出來。不過在此之前，我要先就現在的發電機已經吸取宇宙能源進行發電的事實，發表一下我個人的看法。

目前用來進行水力發電、火力發電或原子能發電的發電機，都是利用捲起導線的線圈旋轉子旋轉磁石磁界中而產生電。

其所根據的，是英國法拉第所發現的「電磁誘導」原理。首先將線圈置於磁界中，只要移動線圈或使磁界產生變化，便可使電流通過線圈。

現今大多數人都認爲，發電機的電，是旋轉子的運動能源變化爲電能源所形成的。不過，有關運動能源變化爲電能源，亦即直接變爲電子的證據，目前仍在尋求當中。

我個人則有以下的想法。

首先是，旋轉子的運動能源逃到空間中。其次是旋轉子的運動劃破磁界，使磁界產生變化。當磁界產生變化時，就能從真空的空間中大量取得宇宙能源（單極磁氣粒子）製造電子，使電流通過。

換句話説，發電機的旋轉子運動，並非直接形成電子而產生電，而是因爲使磁界發生變化的緣故，才由真空的空間中取得宇宙能源形成電子產生電。

那麼，爲什麼我會認爲這是基於前述的原理呢？原因很簡單，一般發電機只要提升旋轉數，或改變旋轉子的線圈捲法製造特殊線圈，即可獲得大於旋轉子能源（入力）的出力。

像這種情形，利用過去的原理根本無法解釋。

假若出力小於入力，則過去的説明可以解釋得通；反之，如果上述情形未必出現，則我認爲我的看法並没有錯。

以下就是我所推斷的的現今發電機的原理。

現今發電機的真正原理

①旋轉子運動劃破磁界使其產生變化，能源回到真空的空間中。
②磁界產生變化時，由真空中取出屬於單極磁氣的宇宙能源。
③宇宙能源大量取出形成電子後，就會有電通過線圈。
④一般認爲入力比出力更小，但，有時也會出現相反情形。

總之，旋轉子的運動與形成電的過程，是互相獨立的。

現在的科學何以並未注意到這一點呢？因爲未曾察覺到真空中有宇宙能源，所以根本不承認有出力比入力更大的發電機存在。

先前爲各位列舉了許多取得宇宙能源的方法。現在的發電機也能吸收宇宙能源發電，但必須附帶使用以下的方法才行。

◇先使磁界產生變化，再由空間中取得宇宙能源，使電流於線圈形成。

●宇宙能源發電機的原理

其次要爲今後有意開發、研究宇宙能源發電機的人，介紹以往已經完成的宇宙能源發電機，並說明其製造原理。

◆尼可拉·提斯拉的能源增幅裝置

出生於南斯拉夫的天才科學家尼可拉·提斯拉，早在距今一〇〇年前，就已經察覺到空間中存在著無窮盡的能源，從而開發出從空間使得能源的裝置。

尼可拉·提斯拉和愛迪生是同一時代的科學家，兩人在電的實用化方面，都有偉大的成就。不同的是，愛迪生赫赫有名，尼可拉·提斯拉卻没没無聞。

目前普及世界各地的交流系統，就是拜尼可拉・提斯拉的開發之賜。尼可拉・提斯拉之所以不被世人接受，原因在於他所開發的裝置，可由空間中取得免費的能源，因此對能源産業當然不具有任何吸引力。

尼可拉・提斯拉發明的東西很多，其中最偉大的發明，就是「提斯拉線圈」。

「提斯拉線圈」就是特殊的變壓器，利用此一裝置，可使出力大於入力。出力變大的原因，是爲了吸收宇宙能源。其所根據的，是利用裝置的一次回路側形成共振回路，引起火花放電而吸收能源的原理。

堪稱宇宙能源開發先驅者的天才科學家尼可拉・提斯拉。

換言之，就是在先前所敘述的方法當中，組合利用電振動的「共振」與「火花放電」，進而取得宇宙能源，達成超出入力以上的出力。

◆亨利・莫雷的發電裝置

非常崇拜尼可拉・提斯拉的美國人亨利・莫雷，繼提斯拉之後，成功地開發出宇宙能源發電機。

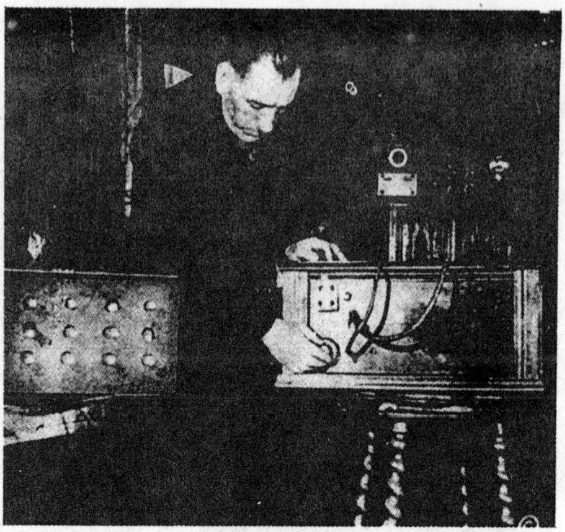

享利・莫雷及其開發裝置。裝置不需電源、驅動部即可發電。

莫雷的裝置，是沒有驅動部的固體型。不需電源、重約六〇磅的箱型裝置，最多可產生電力五〇千瓦。它的另一特色，就是接地線愈深入地中，愈能提升發生電力，而且裝置完全不會發熱。

大體而言，莫雷的裝置，是由天線，稱爲瑞典石的「白色軟石」、真空管、電容器、變壓器及接地線所構成。

其中，稱爲「瑞典石」的白色石塊，是能與宇宙能源共振，大量吸收宇宙能源的礦物。

該裝置的原理，是透過天線取得部分宇宙能源，再利用「瑞典石」增進宇宙能源的吸收。其次，重複將電流送入多段共振回路、依序增加能源，然後再送入接下來的共振回路的過程。至於增幅段數，最多爲二十七段。另外，真空管也可以採用放電方式，取得宇宙能源加以利用。

總之，莫雷的發電裝置，是由與宇宙能源共振的

「礦物」，多數的「共振回路」及「放電」組合而製造出來的。

莫雷的發電裝置，既不需要電源，也沒有驅動部分，而且發電量大，是極爲理想的發明，可惜因爲受到阻撓而無法普及世界各地。

◆艾德溫・格雷的「EMA馬達」

美國的艾德溫・格雷在距今十幾年前，開發出稱爲「EMA馬達」的旋轉型宇宙能源發電機。

EMA馬達含有當成電源的電池，但，只在起動時使用。開始發電後，剩餘的部分電力會回到電池中，因此實際上幾乎不曾利用。

完成屬於試作性質的六號機後，格雷公開進行實驗。

六號機的馬達入力爲　三一〇瓦，出力爲一五〇〇瓦。實際看過這個裝置的宇宙能源發電機研究者井出治先生發現，一般的發電機會發燙，但是格雷的馬達，卻具有冷卻這個宇宙能源發電機特有的現象。另外，根據測定，出力爲九馬力的馬達持續運轉十五分鐘以上時，作爲電源的電池電壓幾乎沒有降低。

「EMA馬達」的構造，是將十二伏特的電池電壓增加爲數千伏特，然後充電於電容器，使馬達在其中一部分出現火花放電現象後開始運轉，而所得的電力有部分會回到電池。由這個構造可以瞭解到，「EMA馬達」是利用火花放電，大量吸收宇宙能源而得到超出入

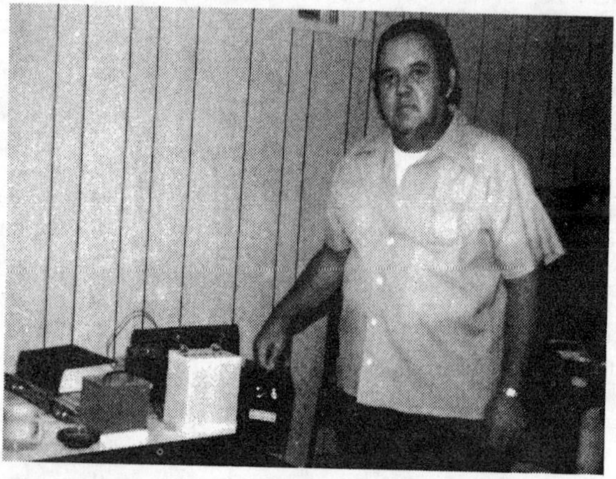

距今十數年前開發「EMA 馬達」的艾德·溫格雷。

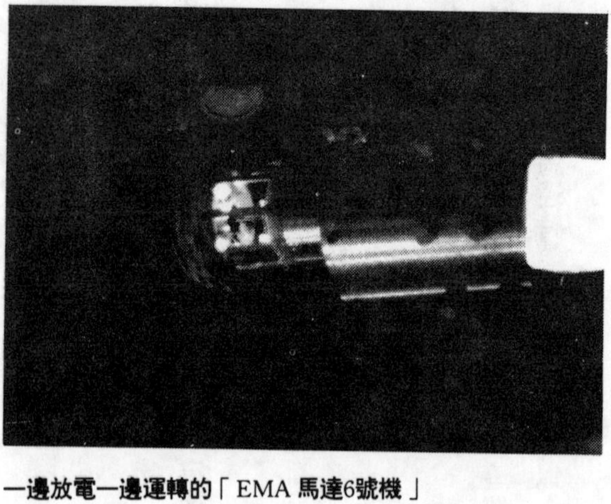

一邊放電一邊運轉的「EMA 馬達6號機」

力以上的出力。

在公開「EMA馬達」六號機不久後的某一天，格雷一家及其裝置忽然失蹤了。據我推測，這應該是有人不希望格雷將發明推廣到世界各地所致。

◆瑞士的「M—L整流器」

在瑞士一個叫林迪的地方，有一個由基督教徒組成的自治共同體。這個大約二〇〇人的團體所使用的電力，是由稱爲「M—L整流器」的宇宙能源發電機所提供。發明「M—L整流器」者，爲波爾．巴曼等人，主要是由「威姆茲哈斯特靜電發生機」與固體型部分組合而成。至於「威姆茲哈斯特靜電發生機」，乃是使兩個相對的圓盤朝相反方向旋轉，從而產生高壓電的裝置。

而固體型部分，則是由萊登瓶、永久磁石、線圈、結晶二極管集合體所構成。

裝置的基本構造，是利用「威姆茲哈斯特靜電發生機」產生高壓電，再利用固體型部分使高壓電增加二〇倍以上，且其中有部分電會回到靜電發生機。

這個裝置不需要電源，一開始時只要用手轉動靜電發生機的圓盤，就能自動由空間中取得電且持續運作。

根據報告，此一裝置的出力可達三千瓦（一二三〇伏特，約十三安培）。「M—L整流器」的吸收宇宙能源，是由固體型部分進行；至於吸收方法，則是使用利用共振回路的「共振」或「永久磁石」。

◆「N—機器」

距今大約一六〇年前，英國的邁克·法拉第開發了衆所周知的電磁誘導及單極發電機。這個低電壓、大電流的發電機，並未引起注意，不過美國的布魯斯·迪帕爾馬，卻以提升此一單極發電機的效率爲目的進行研究，結果發現在某個條件下，會出現入力小於出力的情形。這個裝置就是「N—機器」。「N—機器」的構造方式，就是使用永久磁石和金屬板組成的旋轉子旋轉，然後在金屬板中心及周邊就會產生直流電。

通常，旋轉子旋轉所需要的電力（入力），會大於所產生的電力（出力）。然而迪帕爾馬卻發現，在某個條件下（高速旋轉），出力不會改變，入力和旋轉矩則會減少。

在瑞士基督教信徒自治共同體實際運作的「M－L整流器」，不用電源，只要在最初時用手操作，即可持續發電。

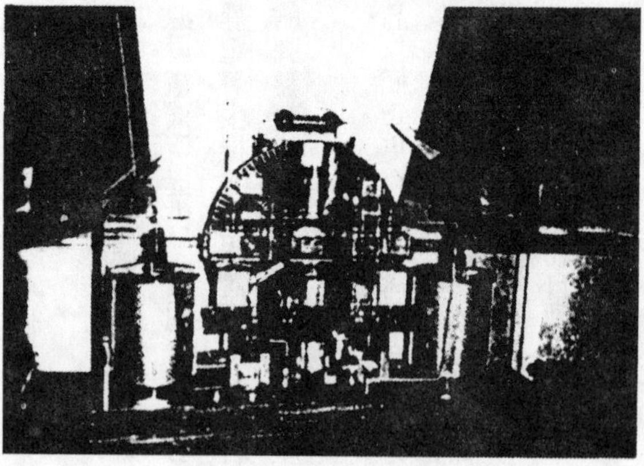

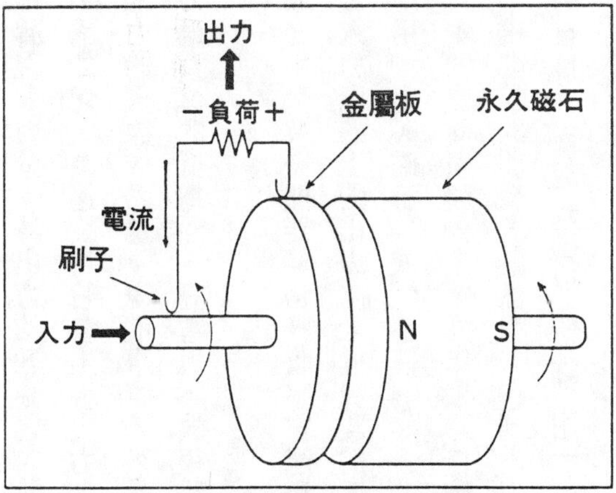

「N—機器的作動原理」

目前「N—機器」仍在開發中。

迪帕爾馬的實驗結果，顯示入力減少爲出力的五分之一。但印度的提瓦里進行追加實驗，卻發現入力減少爲出力的五分之二。

不論如何，高速旋轉時會出現出力大幅度超過入力的現象，乃是不爭的事實。只是所得的電力爲直流的低電壓、高電流，故很難實用化。

總之，「N—機器」是吸收宇宙能源，形成超出入力以的上的出力；至於吸收的手段，則是使用「永久磁石」或「旋轉」。

日本的風間廣勝先生，九年來一直致力於「N—機器」的開發，雖然尚未達到出力大於入力的目標，最近卻已成功地利用「N—機器」產生交流電。

◆朗巴特森的「WIN整流器」

現年七十四歲的美國人溫基特・朗巴特森

「WIN整流器」的整體照片。利用此裝置，目前能得到入力的3～8倍的處理。

，開發了稱爲「WIN整流器」的固體型宇宙能源發電機。

這個裝置是由天線、能源集積球、能源蓄積、發生器、火花放電部分，共振回路和接地線等組合而成。

其構造與莫雷的發電機類似。據報告，此一裝置可獲得相當於目前入力三～八倍的出力。

「WIN整流器」的「能源蓄積發生器」的部分。

「WIN整流器」主要是利用能源集積球、能源蓄積、發生器及火花放電部分吸收宇宙能源，再利用共振回路取得能源使能源增加。

關於取得能源的手段，包括「共振礦物」「火花放電」及「共振回路」等。

◆斐迪尼的宇宙能源發電機

美國的約翰·斐迪尼，也開發了取得宇宙能源的發電機。

斐迪尼的裝置，是由電池、馬達、觸發電路的回路、發電機所構成。

首先將十二伏特的電池與發電機直接連結，使馬達運轉。開始運轉後出力並未改變，但是入力卻像「N—機器」一樣減少。由於出力的一部分會回到電池，因此，電池的電力並未減少。

此一裝置的秘密，在於使馬達運轉的「觸發電路回路」，後者是將脈衝波電流送入馬達中，具有控制旋轉數的作用。

總之，和史丹利・梅亞利用脈衝波電流分解水的原理相同，是藉著脈衝波電流與宇宙能源共振而取得宇宙能源。

◆其它發明者的裝置原理

今將前章所介紹的發明者取得宇宙能源的裝置原理，整理叙述如下。

首先是清家新一的裝置。該裝置是利用「特殊的扭捲線圈」及「永久磁石」取得宇宙能源製造電，再利用電製造「共振電磁場」產生反重力。

至於河合輝男，則是利用特殊馬達取得「永久磁石」的能源，成功地使其轉換爲馬達

斐迪尼發電機的概略圖

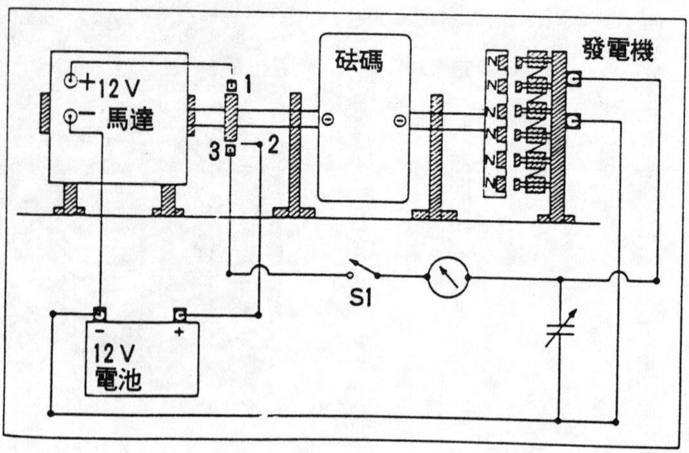

的運轉能源。

而約翰．沙爾，是組合圓形的「永久磁石」使其旋轉，藉此產生了電，同時也成功地製造出反重力。

巴西爾．拜迪．巴格則只是組合「永久磁石」，就成功地開發了運轉馬達，也就是發電機與反重力裝置。

史丹利．梅亞是通過直流的脈衝波電流，使其與宇宙能源「共振」，這時只要使用少許電力就能電解水，然後燃燒所得的氫和氧即可取得能源。換言之，他以水作爲燃料，成功地使汽車奔馳。

●製造宇宙能源發電機

截至目前爲止，已有許多人在宇宙能源發電機及以水爲燃料取得宇宙能源的裝置，取得宇宙能源的反重力裝置等開發上獲得成功。

現代科學未曾察覺宇宙能源的存在，因此，並不瞭解目前一般的發電機，也能吸收宇宙能源。

宇宙能源爲「單極磁氣粒子」，透過某些方法可使「磁界產生變化，從空間中取得宇宙能源使電流入線圈中」——此爲一般的發電原理。不過，採用一般的方法並不能獲得超出入力所需之運動能源的出力。

要取得超出入力以上的宇宙能源，是需要花點工夫的。

製造出力大於入力的發電機時，可採用以下五種方法：①利用電回路使其共振；②使用永久磁石；③產生火花放電；④使用特殊扭捲線圈；⑤使用與宇宙能源共振的礦物。

可以單獨或組合方式進行。

由巴西爾•拜迪•巴格、清家新一、約翰•沙爾等人的開發實例可知，宇宙能源在產生電的同時，也能產生反重力。

這不單顯示出引力與宇宙能源的關係，也顯示出引力與磁氣的關係。

此一結果，證明了「引力」與「電磁力」統一的可能性。

遺憾的是，現代科學對這些事實一無所知。

第 3 章

宇宙能源的神奇效果與利用法

將「宇宙能源」納入日常生活中，
可展現神奇效果。
有關效果及利用法的介紹。

●宇宙能源的各種效果

經由前章的説明，想必各位都已明白在我們周圍的空間中，存在著無數稱爲「宇宙能源」的超微粒子能源，只要將其取出，就可成爲「電能源」或製造「反重力」的能源。

在我們周圍的宇宙能源，除了當成電或反重力能源加以利用以外，還具有治療疾病，促進成長，展現超能力，提高燃料消費率等效果。要言之，是對生活各方面都有所幫助，非常具有利用價值的能源。

本章將爲各位介紹宇宙能源在電及反重力以外的效果，以及在實際生活中的利用法。

首先來説明一下宇宙能源具有那些效果。

◆增進健康、治療疾病

由氣功師父從手掌發出的氣能源（宇宙能源）可治療疾病一事，可知宇宙能源具有使病弱體變爲健康體的效果。換言之，即具有使細胞恢復正常的作用。

那麼，宇宙能源該如何加以利用呢？除了請氣功師父或超能力者爲你照射能源以外，吃充滿宇宙能源的食物，儘可能飲用強力宇宙能源水，佩戴宇宙能源商品或置身於充滿能源的工作地點及家庭環境等，都是很好的方法。

◆促進生物成長、增加收穫量

宇宙能源能促進植物或動物的成長，具有增加收穫量的作用。這是根據使用宇宙能源水與不使用宇宙能源水栽培蔬菜、飼養金魚或家畜時，兩組對照所得的結論。

既然對植物和動物都具有效果，對人類當然也不例外。

◆維持鮮度

宇宙能源可使鮮花、蔬菜或金魚等食品的鮮度維持較長時間。

這是根據用普通水和宇宙能源水，分別對鮮花、蔬菜進行鮮度維持的實驗後，所獲得的證明。

此外，實際建造了許多金字塔屋的山中健太朗先生也證實，放置在屋頂呈金字塔形的金字塔屋內的食物，較不容易腐爛。

◆使水活性化

水原就容易蓄積宇宙能源，一旦宇宙能源進入水中，就會使水活性化，具有變得美味等各種效果。

◆使食品的味道良好

宇宙能源使食物變得美味的作用。和一般的水相比，用宇宙能源水所栽培出來的米、蔬菜、魚、雞等較爲美味。

用宇宙能源水作成的麵類食品或麵包，不單吃起來美味，也較爲耐久。

雪的結晶，是集合宇宙能源所形成的六角形。因此，用溶化的雪水，也就是宇宙能源水煮出來的米飯，吃起來格外美味。

在日本兵庫縣有一家名叫「本陣」的餐廳，號稱能做出全國最美味的料理。而其秘密，就在於烹煮料理所在的地點和建築物，是能夠產生宇宙能源（良好磁場）的空間，而且烹調所用的水，全都是宇宙能源水（電子水）。

在土地或建築物的地下埋藏木炭，從天花板放出高周波時，即可產生宇宙能源。燃燒集合宇宙能源的樹木，可由木炭中產生大量宇宙能源。屬於宇宙能源塊的電子，在以高周波方式放電時，即可大量放射出宇宙能源。吸收這些宇宙能源的電子水，就是宇宙能源水。

此外，宇宙能源還具有使酒或威士忌的味

在金字塔屋內會產生金字塔力量。
照片中是大分的山中健太郎所建造的屋子。

道變得更爲滑順的作用。

將宇宙能源作用於食用油時，油不容易氧化，較能久放，用它作成的食物也較爲美味。

◆具有洗淨效果

宇宙能源的洗淨效果，可大幅減少洗滌衣物所用的洗劑。目前，市面上已可買到，用會生宇宙能源的陶瓷作用的洗滌球等商品。

用宇宙能源水來清洗衣物、煮飯或沐浴時，可使排水通暢。

◆用於泡澡的效果

用宇宙能源水泡澡時，水的觸感柔軟，且能消除疲勞。

包括浴缸在內，連浴室牆壁也使用會放射宇宙能源的陶瓷或木炭等，效果更佳。

◆具有美容效果

宇宙能源不單具有洗淨效果，對人類而言還具有美容效果。用宇宙能源水製成的化妝品固然有效，光用宇宙能源水也一樣有效。

浴室牆壁使用木炭，水則使用宇宙能源水（電子水）的浴缸，有助於身體健康。

此外，宇宙能源也能治療面皰，使斑點變淡。

◆芳香效果與除臭效果

香氣與宇宙能源有密切的關係。良好的香氣，經常會伴隨著宇宙能源出現。

例如，香道所使用的「香」，就能釋放出宇宙能源，這是已經確認的事實。利用由植物取得的芳香性精油來治療疾病，即所謂的芳香療法。其所利用的，即宇宙能源的醫療效果。

另一方面，宇宙能源也具有消除臭味的除臭效果。

◆音響效果

宇宙能源是超高振動數波，故也能從耳中進入。

讓宇宙能源從耳中進入的方法，包括聆聽會產生宇宙能源的音樂，或者使用會產生宇宙能源的耳機等。

耳朵有很多攸關健康的穴道，因此，讓宇宙能源由耳朵進入對健康極有幫助。尤其是對孕婦，會有意想不到的胎教效果。

會產生宇宙能源的音樂，如巴洛克音樂等，都具有良好效果。

此外，由日本大阪大學教授，工學博士政木和三先生所開發，可聽到令人感覺舒服的聲音及從耳朵吸取宇宙能源的「記憶機」，具有增強記憶力，開發潛在能力等作用。

◆精力增強效果

宇宙能源如文字所示是一種能源，因此，當然具有精力的作用。像鰻魚和鱉之所以被視爲强精食品，原因就在於牠們能充分蓄積宇宙能源。

飲用强力宇宙能源水，也能得到同樣的效果。

◆燃燒效果

宇宙能源不僅在健康和食品方面，在石油燃燒的範圍內，也能發揮很大的效果。

當宇宙能源作用於汽油、輕油、燈油時，可達完全燃燒的程度，使汽車的燃燒消費率提升一～二成。同時，排放的廢氣濃度，如氮氧化物、硫黃氧化物或二氧化碳的數值，也會大幅降低，而力量則向上提卂。對當前汽車排放廢氣這個公害問題。宇宙能源不失爲解決利器。

由政木和三工學博士所開發而具有宇宙能源效果的「記憶機」。

想要宇宙能源在汽車燃燒上發揮作用，可在燃料中添加含大量宇宙能源的改良劑，將會放射宇宙能源的宇宙能源的商品安裝在引擎上，在燃料供給線上安置會放射宇宙能源的陶瓷填充物，或是讓陶瓷與燃料接觸。

◆瞑想效果、精神安定效果

在金字塔等會放射强力宇宙能源的場所瞑想時，很輕易地就能進入深沈瞑想中，此外，置身於上述場所，也具有使精神保持安定的效果。

◆提升能力的效果

宇宙能源具有提升運動能力的效果。換言之，當佩戴宇宙能源商品從事運動時，可提升肌肉力量、跳躍力及持久力等。

此外，宇宙能源作用於頭腦時，具有提升記憶力的效果。

常見的宇宙能源商品，包括會產生宇宙能源的皮帶、頭巾或水晶項鍊等。

◆發現超能力

由氣功師父的例子可以知道，只要每天不斷吸收宇宙能源，就會產生超能力現象。

人類原本是具有心電感應或透視等超能力的，然而現今地球人的這種能力卻已退化。據推測，二十一世紀的地球，將再度成爲超能力人類聚集的社會。從這點來看，相信不管是誰都渴望儘早成爲超能力人類。

◆**使運勢好轉**

每天照射或利用宇宙能源時，可發揮使運勢好轉這種肉眼看不見的作用。

這是由於次章爲各位說明的多次元世界作用所造成。

●宇宙能源的利用法

以上所介紹的宇宙能源，具有堪稱可能的各種效果。那麼，應該如何利用宇宙能源呢？

大致可分爲以下三種方法：

◆**自行吸收宇宙能源加以利用**

只要是人類，都具有成爲超能力者的素質。然而現在一般人類的這種能力，已經逐漸降低。根據研究，任何人只要持續每天以氣功方式努力吸取宇宙能源，就可發現超能力，甚至可以經手釋放能源爲他人治病。

一旦能力提升以後，即使雙方距離遙遠，也能藉由想念送出宇宙能源爲對方治病。像這樣，利用想念即可傳送宇宙能源，不需接觸酒或香菸即可改變味道。

在我周圍，存在著很多這樣的超能力者。

總之，任何人都可以成爲超能力者。這樣一來，就可以自由使用宇宙能源了。問題是，要成爲超能力者並不是那麼容易。

◆利用周遭各種天然宇宙能源蓄積放射物

前面說過，在自然界中充斥著宇宙能源，會不斷放射宇宙能源的物質大量存在。加以積極利用，也是一種方法。以下就舉例說明。

・**森林浴**——由樹木放射出來的宇宙能源，對健康極有助益。在耳旁擺些綠色植物，從植物中吸取宇宙能源，即可獲得健康。

・**溫泉**——地球內部充滿了宇宙能源，而由地底湧出的溫泉水能充分吸收宇宙能源，是以具有醫療效果。此外，用溫泉水所製造出來的溫泉精，也充滿了宇宙能源。

・**中藥**——中藥以藥草爲主，種類繁多。很多人都知道中藥效果良好，卻不知道何以如此。事實上，中藥的效果，幾乎都來自於宇宙能源。

・**自然食品**——現在的穀物、蔬菜，都是用農藥和化學肥料栽培出來的，因而普遍缺乏宇宙能源。此外，殘留在穀物、蔬菜上的農藥，長時間蓄積於人體，是導致各種疾病的原因。反之，不使用化學肥料或農藥而製造出來的自然食品，含有豐富的宇宙能源，對身體而言是健康食品。海水充滿了宇宙能源，故將海水以天然方式製成的天然鹽，也富含宇宙能源。

・**強精食品**——前面說過，鱉、蝮蛇、鰻魚等，都是蓄積大量宇宙能源的食品。其它如蜂蜜、蜂王漿等，也富含宇宙能源。究其原因，主要是蜂巢爲六角形的集合構造，蜂巢本身就能聚集大量宇宙能源所致。

・**能源放射礦物**——在大自然中，存在著許多能夠放射宇宙能源的礦物，如水晶、瑪瑙、電氣石、麥飯石、磁鐵礦等。爲什麼有些礦物能放射強大的宇宙能源呢？那是因爲，礦物具有立方晶系、六方晶系等規劃的結晶構造，分子則具有六角形或八角形等幾何構造。

正如先前所說的，幾何圖形能與宇宙能源共振，從而放射宇宙能源。更何況，地球內部原就充滿了宇宙能源。當然，地球表面也會因場所不同，而放射出強弱不一的宇宙能源。埋藏在會放射強大宇宙能源的位置之下的礦物，能與宇宙能源共振，成爲能放射強力宇宙能源的物質。另外，磁氣也是宇宙能源的一種，因此，磁鐵當然能放射宇宙能源。

◆利用人工宇宙能源放射商品

第三種方法，就是利用以人工方式製成的宇宙能源放射商品。

目前，市面上有很多人工宇宙能源商品。和天然商品相比，用人工方式製成的宇宙能源商品，能源有時反而更强。

具體而言，以人工方式製成的宇宙能源商品包括哪些，是基於何種原理製造出來呢？在說明之前，我要先爲各位介紹宇宙能源的測定方法。

●瞭解宇宙能源的測定法

在利用、製造宇宙能源商品之前，對於是否真能製造出宇宙能源，或產生的程度爲何等等，均必須事先有所瞭解。

宇宙能源並未獲得現代科學的承認，因此無法以科學方法檢知。而價格便宜，任何人都能使用，科學化的「宇宙能源測定機器」，至今仍未開發出來。相關測定機器的開發，將是今後最主要的課題。

以科學方式研究氣能源的日本電氣通信大學教授佐佐木茂美，認爲現今的科學技術，已足以開發宇宙能源測定機器。

在目前的情況下，要想測定宇宙能源的存在和强度，一般可採用以下方法：

◆用手感覺——像氣功或宇宙能源商品等，宇宙能源隨時會進入體內，因此，很自然地對宇宙能源會變得敏感，甚至用手就能感受到它的存在。

感受的方式，包括好像有電流通過似地產生麻痺感，或是產生溫熱感、發冷感等，藉此也可判斷能源的强度。

◆看見氣——部分超能力者可看到以氣的形式出現的宇宙能源。氣包括各種顏色，由其顏色可以判斷出能源的性質，由其大小則可判斷出宇宙能源的强度。

◆利用擺錘加以調查——獲得肉眼看不到的世界，過去、未來及遠地的情報的方法之一，就是採用擺錘測定法。首先，用手指拿著以線綁住的水晶或金屬擺錘，腦中保持空白。當提出問題時，擺錘會不受意識控制開始動作，藉此即可獲得答案。一般可以把問題寫在紙上，或是用心提出詢問。至於答案，則設定「是」或「不是」的回答方式，根據擺錘的前後、左右搖擺或左右旋轉加以歸納。換言之，只要事先瞭解什麼動作代表「是」、什麼動作代表「不是」即可。

值得注意的是，靈格高低足以影響擺錘所作答案的正確度，因此，如未想要得到正確的答案，首先必須提高本人的靈格。此外，利用擺錘也能測知宇宙能源的强度。

◆利用O環測試加以調查——O環測試是醫學博士大村惠昭所開發出的疾病診斷法，同時也是瞭解肉眼看不到的世界的方法。其本質與擺錘測定法相同。不同的是，擺錘是當成道具使用，O環測試法不使用任何道具，直接由人類進行。方法如下：受測者左手拿著想要測試的東西，右手如圖所示，拇指與

以擺錘檢查的方法

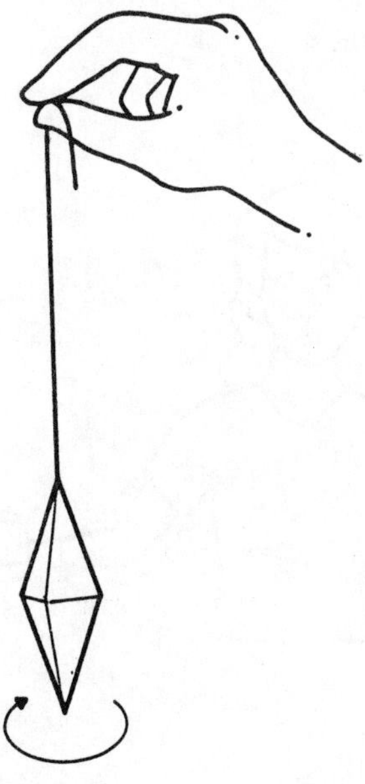

食指尖端併攏形成O環。實驗者則雙手作成雙環，拉住被實驗者的O環。這時，根據拉開環所需的力量強度，即可判斷出所要測定物質的能源強度。此外，被實驗者也可以不拿東西，直接用棒子指著寫在紙上的東西，或是光在腦海中提出詢問。利用此一方法，即可測出宇宙能源強度。

◆透過水間接進行調查——除了上述直接測定方法。那就是讓宇宙能源照射在水上，以科學方式調查水的變化。水，是由分子聚在一起組成大分子數而形成的，一旦吸收宇宙能源，就會形成小分子數。分子數的變化，可利用NMR（核磁氣共鳴）等方法檢知。此外，照射宇宙能源之後，會發生電傳導度及

測定法

由醫學博士大村惠昭所開發的O環測試。
以環的強度不同來判定被驗者能源的強度。

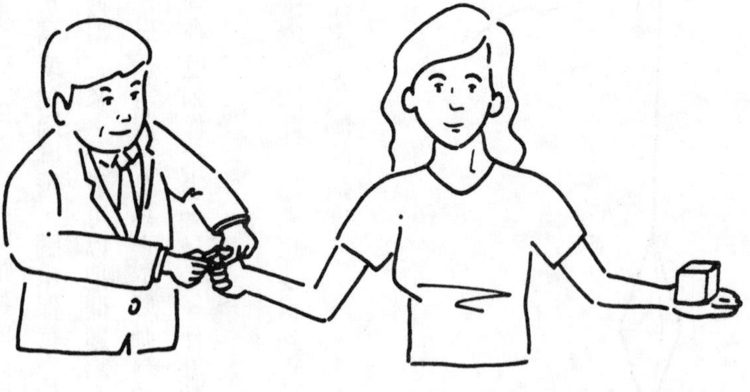

表面張力改變等現象。

換句話說，水有没有照射過宇宙能源，可利用NMR及測定雷傳導度、表面張力等方法來檢定。再者，微生物繁殖測試也是常用的方法之一。

●製造宇宙能源集積放射裝置

那麼，如何才能製造出人工宇宙能源商品呢？首先必須製造强力的宇宙能源集積放射裝置。將物體長時間置於其中，物體與宇宙能源共振，便成爲宇宙能源放射物。將水放入時，則成爲宇宙能源水。

利用此一方法，便能將原本不會放射宇宙能源的東西，轉換爲宇宙能源放射商品。

那麼，應該如何著手製造宇宙能源集積放射裝置呢？

前章介紹的「宇宙能源的取出方法」，可以作爲一種啓示。欲取出宇宙能源時，可單獨或組合「與六角形、六芒星或圖形等圖形共振」「使用集積放射宇宙能源的材質」「利用振動或旋轉與宇宙能源共振」「利用線圈或回路集積宇宙能源」等方法加以利用。

O環的拉法

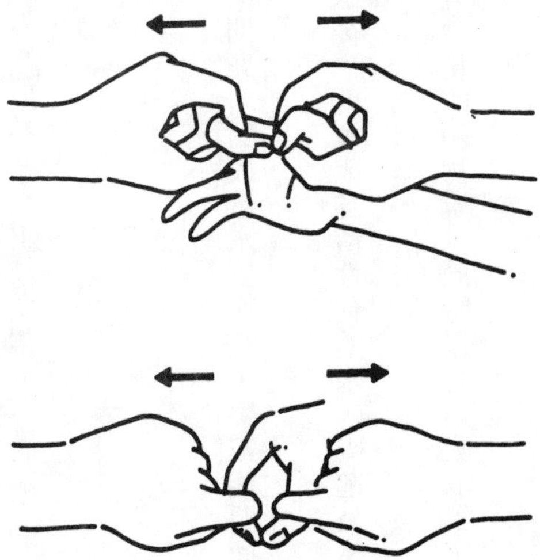

事實上，只要作一個能强力集積放射宇宙能源的反應盒就可以了。

裝置完成後，將希望釋出宇宙能源的商品置於其中一～三個月，就成爲宇宙能源放射商品。

而在現實生活中，已經有人利用這個方法，成功地開發出「宇宙能源反應盒」。身爲其中之一的奧利翁·尤塞，就是使用此一裝置製造出各種「宇宙能源商品」。

此外，日本三重的古村豐治、關口真等人，也成功地開發出强力「宇宙能源反應盒」，製成各種宇宙能源商品。擅長利用擺錘的古村，另外還完成了用擺錘測定宇宙能源强度的最佳裝置。

●增進健康的宇宙能源水

飲用水的水質惡化，是現代人所面臨的一大問題。對改善水質而言，宇宙能源極爲有效。

水很容易吸收宇宙能源。當其吸收宇宙能源後，就會成爲活性化的水，喝起來格外甘甜、美味。

各地名水之所以美味，秘訣就在於不單含有微量的礦物質，同時還自然吸取了宇宙能源。

用雪水所栽培出來的米之所以美味，是因爲雪爲容易吸收宇宙能源的六角形結晶所致。

溫泉水吸收地下的宇宙能源，因此也是宇宙能源水。

這些天然的宇宙能源水固然吸收宇宙能源，卻不能大量吸取。

反之，以人爲方式製成的宇宙能源水，可控制注入的宇宙能源量，因此製造出來各種强度的宇宙能源水。

强力宇宙能源水對健康很好，稀釋後可當成健康飲料。

其中最具代表性的，是利用古村先生所開發的反應盒製成的「古青神」這種宇宙能源水。

奥利翁・尤塞也製成了强力的宇宙能源水。此外，尤塞先生還在最近開發了光是安裝

水容易吸收宇宙能源。「古青神」是強力的宇宙能源水。

在水龍頭上，就能使自來水變成宇宙能源水的淨水器。

方法是將一般淨水器的過濾部分，長時間置於反應盒中，成爲能放射宇宙能源的過濾器。當水淨化後，自然也會宇宙能源化。我相信在不久的將來，這種輕易地就能將自來水變化爲宇宙能源水的裝置，一定會大爲普及。

●放射宇宙能源的各種圖形商品

先前已經說過，幾何圖形能與宇宙能源共振，放射出宇宙能源。因此，可以挑選最能强力放射宇宙能源的圖形，製成圓盤及各種商品。

日本奈良的福村和男，發現正三角形上下重疊組成的六芒星，與呈星形的五芒星圖形，能放射出最强的宇宙能源，同時顏色也會改變放射的宇宙能源種類，於是開發出稱爲「ＧＩＮ」的圓盤型商品，並於最近完成將ＧＩＮ組合而成的椅式强力宇宙能源發生裝置。

「ＧＩＮ」複數使用時，可使整個廣大場所成爲充滿宇宙能源的空間。

古村豐治又與船井綜研會長船井幸雄合作，用黃金比例組合六芒星與圓，並使用不同的顏色，開發出能强力放射宇宙能源的「ＦＫ」製品。

除此以外，山田孝男與出羽日出夫等人，也開發了多種能夠放射宇宙能源的圖形商品。

在第二章介紹過，由幾個小型金字塔排列而成的製品，也是屬於這類能源商品。

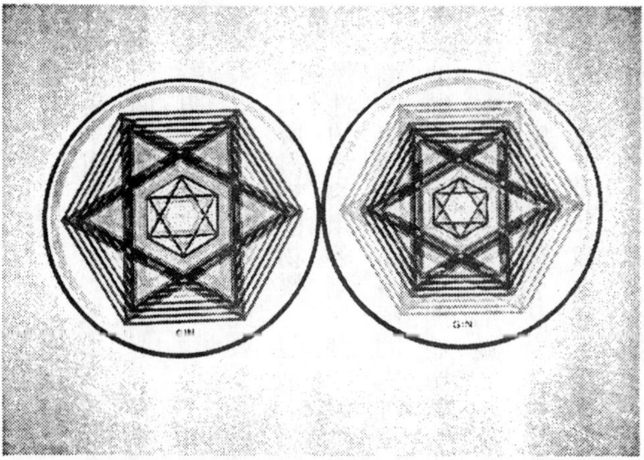

最能強力放射宇宙能源的圖形與顏色所製造出來的「GIN」。

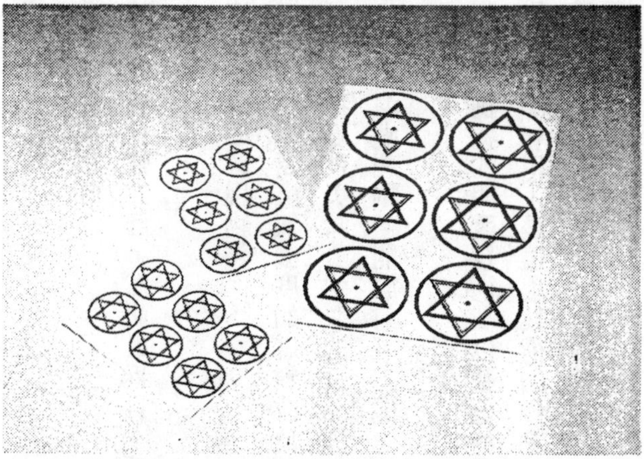

利用黃金比率的組合製成的「FK 商品」，和「GIN」
同樣能夠放射強力的宇宙能源。

●利用海水製成的宇宙能源商品

海水爲宇宙能源水，故天然鹽富含宇宙能源，對健康很好。

我一向認爲，能由海水取得大量宇宙能源的，只有食鹽而已，然而最近日本千葉縣的那須醇卻證明事實並非如此。

那須以海水爲原料，開發了有助於環保及增進健康的各種物質。

由海水所得到的物質，包括大幅降低汽車燃料消費率及廢氣濃度的燃料改良劑、燃燒助劑、難燃性的塗料用溶劑、健康鹼性離子水、可使食物變得美味、耐久的食品添加用鹼性離子萃取劑、使塑膠容易溶解的處理液，使水淨化的污泥處理劑。能放射宇宙能源的陶瓷等。其中，助燃劑等商品已經開始販賣。

海水中無機物的含量約爲三．五%，那須利用其獨特的開發技術，以較低的成本，輕易地加以分離製造出各種製品來，所汲取的海水能夠全部利用，是這項技術的優點。

由海水取出的各種物質，爲什麼有助於環保和增進健康呢？除了無機離子的作用以外，海水所蓄積的宇宙能源也發揮了很大的作用。

●大量產生宇宙能源的裝置「多極弧光」

前章說過，吸收宇宙能源的方法之一爲「火花放電」。

多極弧光是由日本萬鎔工業社長佐滕亮拿所開發、製造巨大火花放電的技術。因此，多極弧光也可視爲大量產生宇宙能源的裝置。

在前作『宇宙能源的超革命』中，曾提到多極弧光能大量產生宇宙能源，對今後有關廢棄物處理、新規材料的開發、金屬直接提煉、水處理及利用於健康、農業方面等問題，必能發揮助益。

據佐滕社長表示，他在讀了我的書以後，便集合許多對多極弧光技術深感關心的同志，訂定種種有關「廢棄物處理」「新規材料的開發」「宇宙能源水的開發」的計劃，開始朝事業化邁進。

水在經過三〇分鐘多極弧光處理後，會成爲强力宇宙能源水，能發揮强大的醫療效果。多極弧光所以是大量產生宇宙能源的裝置，將在次章詳細說明。必須注意的是，在宇宙能源大量存在之下，會引起原子轉換。由此意義來看，這將是今後必須發展的技術之一。

即使只是單極弧光而非多極弧光，一樣能放射强大的宇宙能源，增進健康。例子之一是黑田保次郎所開發的光線治療器，據說對難治疾病頗具效果。

●這是宇宙能源放射礦物製成的商品

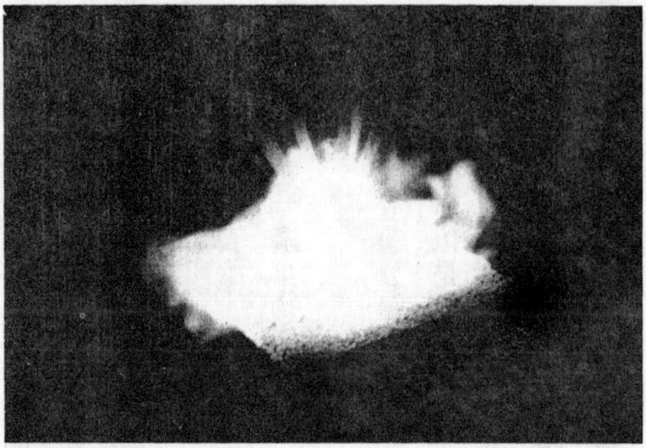

火花放電是大量地吸收宇宙能源。「多極弧光」則是大量產生宇宙能源的裝置。

前面說過，宇宙能源放射礦物也是天然宇宙能源蓄積放射物質之一。下面要爲各位介紹的，是這些礦物究竟被製成何種形態的商品加以利用。

日本福崗市日光株式會社的依川晃弘先生，發現日本中部駒礦山所出產的偉晶岩系礦石，具有預防疾病等各種效果，於是將其命名爲「健幸石」，製成各種商品。

例如，水活性淨化用陶瓷，加入粉末的沐浴劑及肥皂等等。

使用上述商品後，不單出現顯著的宇宙能源效果，甚至還有人因而發現了超能力。由此可見，這類商品所放射的宇宙能源極強。

久保哲治朗發現電氣石具有使水活性淨化的作用，從而開發各種水質淨化商品。

這些商品包括可減少三分之一洗劑量的洗滌

利用單極弧光放射強力宇宙能源的光線治療器。

球、沐浴用球，以及裝有電氣石的淨水器等。

久保認爲，電氣石之所以能夠使水活性淨化，是因爲它含有永久電極，可將水分解爲羥離子引起界面活性化的效果所致。這話固然有理，但因電氣石能夠放射强力宇宙能源，因此我認爲，這是宇宙能源與永久電極二者相輔相成所造成的結果。

●利用微生物放射宇宙能源

生物也可集積、放射宇宙能源，其中又以細菌、發酵菌等微生物的作用更强。

位於日本京都的中村菌化學研究所發現，從事造酒工作的人，因某種不明原因而「不會感冒、受傷或生病」，於是開始在這個地方製造藥。

最初研究人員以爲，其關鍵可能是在製造清

以礦石為原料製成的「健幸石」，具有促進健康的效果。

酒的過程當中，因而開始研究麴菌、酵母菌、乳酸菌與藥效的關係。結果，開發出一種名爲中村菌的複合菌。此外，研究人員還讓「中村菌」經過三年的發酵，然後在發酵液中加入生藥，製成易於服用的藥物。

發酵液既充滿了宇宙能源，當然「中村菌」也和宇宙能源一樣，具有廣泛的效果。

曾在日本鹿兒島大學任教，住在大阪的醫學博士矢野原良民先生，則開發出利用細菌的「氣能源」，亦即宇宙能源，稱爲「矢野原式農法」這種高效率、高營養的植物栽培法。

植物與細菌存在著共生關係。植物給了細菌營養，細菌則可防止疾病菌侵入植物。

在研究植物與共生菌的過程當中，矢野原進一步發現，共生菌還會產生「氣能源」，具有使植物體細胞活性化的作用，從而發明了「矢野原式有機水耕栽培法」。

這是不使用土壤的水耕栽培，以有機肥料爲主，不使用農藥的栽培方法。利用這個方法，可使成長速度加快三倍，體積也比正常尺寸更大。以單位面積的收穫量來看，則爲一般的一〇～二〇倍。

藉由此法所栽培的蔬菜，充滿了宇宙能源，因此，不僅吃起來美味，同時也是營養豐富的健康食品。

基於上述因素，我相信矢野原先生利用微生物宇宙能源的植物栽培法，今後必將廣爲普及。

產於日本鹿兒島福山町的「糙米黑醋」，富含宇宙能源，據說對治療高血壓、糖尿病、痛風等疾病極爲有效。它之所以有效，秘密就在於花一年以上的時間，讓醋自然成熟發酵。在其過程當中，發酵菌由於能集積放射宇宙能源，故形成富含宇宙能源的醋。

由以上的情報可知，細菌或發酵菌等微生物，能夠強力集積放射宇宙能源。另一方面，小牧久時也發現，發酵菌等微生物在體內，也能進行原子轉換，這就是所謂的生物體內常溫核融合。

此一事實告訴我們，生物體內的原子轉換，是在宇宙能源存在下產生的。

利用宇宙能源培育巨大的萵苣（從發芽開始算起的第45天）。

培育巨大萵苣的矢野原水耕栽培農場。可當成宇宙能源的有效利用法，今後將會備受注目。

●宇宙能源會使熵減少

從本章所說明的除了電及反重力以外宇宙能源的各種作用及利用方法，可知儘管現代科學還不承認，但是在我們周圍，確實存在著無窮無盡，對人類有益的宇宙能源。

在熱力學上，有所謂的「熵增大法則」這個第二法則。此一法則，是指一切自然產生的物理現象，都是熵朝增大方向產生變化。

例如，在冷水中加入熱水，則會變成溫水。反之，溫水則不可能再成爲熱水。因爲，熱度必然會由高往低移動。

當熱由高往低移動，或是從有秩序朝無秩序方向變化時，熵會增大。

相反地，熱由低往高移動，或是無秩序者變化爲有秩序者時，熵會減少。

物理學將「一切自然產生的現象，全都是熵朝增大方向」這種「熵增大法則」，視爲絕對法則。

換言之，絕對不會有熵減少的自然現象。

但由本章的說明可以知道，宇宙能源能使生病的細胞恢復爲正常細胞，使污染淨化，很明顯地具有使無秩序者變爲有秩序者的作用。

從另一個角度來看，這也表示在宇宙中有負熵存在。因此，現代物理學似乎有重新評估的必要。

第 4 章

常溫核融合與高溫超導電的原理

現代科學無法解釋的現象
為什麼會
「在人體內引起核反應」……

●現代科學解釋的關鍵

在我們周圍的空間中，存在著無窮無盡的宇宙能源，將其取出可當成電來使用，或是製造反重力、治療疾病、促進成長、使水活性淨化，展現超能力等，具有各種作用。

但是，現代科學卻無法察覺這個事實，或是已經察覺而無法解釋，因而將其視爲不可思議的神奇現象，或者乾脆忽視其存在。

現代科學之所以無法察覺這個事實，是因爲它具有缺陷。至於造成缺陷科學的原因，將留待次章再詳加說明。

因爲現代科學爲缺陷科學之故，先前所介紹的各種現象，會出現違反現代科學理論或無法用理論來加以說明的情形。

像生物體內原子轉換、常溫核融合、高溫超電導等現象都是。所謂生物體內原子轉換，是指在生物體內，會引起常溫核融合等核反應。

對此現代科學無法解釋的反應，我認爲都和宇宙能源有關。至於詳細內容，本章將會加以說明。

關於生物體內原子轉換和常溫核融合，在前作『宇宙能源的超革命』中已經介紹過，不過在那之後我又得到了許多情報，故再次連同高溫超電導一併加以說明。

●超越核物理學常識的核反應

所謂核反應，是指因反應而致原子種類改變的現象。

至於化學反應，則是原子種類在反應前後均維持不變。

例如，碳（C）燃燒與氧（O）反應，會形成二氧化碳，其化學反應爲：

$$C+O_2 \rightarrow CO_2$$

換句話說，反應前後原子的種類並未改變。

至於核反應方面，以在太陽內產生的核融合反應爲例，四個氫原子核（H）中，由一個氦原子核（He）與二個電子（e）所形成的反應如下：

$$4H \rightarrow He+2e$$

反應前後的原子種類已發生改變。

核反應有核分裂與核融合二種。除了容易因自然毀壞而引起核分裂的鈾等不穩定的放射性原子以外，安定的原子不容易引起核反應。

希望引起核反應時，必須採取利用粒子加速器給予原子能源，使其產生衝突的方法。根據現代核物理學的理論，除非給予巨大的能源，否則就不可能引起核反應。

舉個例子來說，假設眼前有一道高牆，當越過這道高牆時就會產生反應。以化學反應而言，如果牆的高度只有一公尺，當然能夠輕易地越過牆壁，因此，容易引起反應。

但如果是核反應的話，牆的高度可能超過一公里以上，必須藉助直升機才能越過，故而不容易產生反應。

不過後來有人發現，核反應也和化學反應一樣，會出現越過一公尺矮牆的情形。這，就是所謂的生物體內原子轉換，常溫核融合。

爲什麼會發生這種現象呢？現代科學無法解釋，我則認爲與宇宙能源有關。下面就從生物體內原子轉換開始說明吧！

●在生物體內產生核反應！

所謂生物體內原子轉換，是指人類或動物、植物體內的原子轉換爲其它原子，也就是所謂的核反應。同理，在生物體內也會產生常溫核融合。

有關生物體內原子轉換的研究，早在十九世紀就已經開始。法國的馮・海爾奇雷經由數百次的實驗，證實在蒸餾水中浸泡發芽的種子內部，鉀、磷、鎂、鈣、硫磺的含量均較發芽前增加。另外，他還發現植物有磷轉換爲硫磺、鈣轉換爲磷、鎂轉換爲鈣、碳轉換爲鎂、氮轉換爲鉀等現象。一八七三年間，海爾奇雷將其研究成果收錄在『無機物的起源』一書中。

海爾奇雷的成就，於進入二〇世紀後由他人進行追加實驗獲得確認。在法國巴黎工科大學任教的皮耶·巴朗杰教授，即爲其中之一。

巴朗杰透過嚴密的實驗證實，將豆種子浸泡在氯化錳水溶液中直到發芽爲止，結果錳消失，取而代之的是鐵。其後他再用蒸餾水使蠶豆種子發芽，發現磷和鉀的含有量並未改變。而相同種子以氯化鈣水溶液使其發芽時，種子的磷與鉀增加約一〇％，另外鈣也增加了。

和皮耶相同時期，同爲法國人的路易·凱布朗博士，則利用動物來研究生物體內原子轉換的現象。

促使凱布朗研究生物體內原子轉換的關鍵，來自於年輕時候的觀察。住在不列塔尼半島的凱布朗，對雞老是吃摻雜在泥土中的雲母碎片，感到很不可思議。在沒有石灰岩的土地上，爲什麼母雞會生下殼爲石灰質的蛋呢？他直覺地認爲必然是來自雲母。

發現生物體內原子轉換的路易凱布朗博士。

調查之後發現，雲母幾乎全都是鉀和鋁所構成的硅鹽酸，並不含有鈣。因此，他認爲雲母中可能有某種原子轉換爲鈣。

凱布朗後來在養雞場內經由以下的實驗，證實了先前的推測。他把雞放在不含鈣質成分的泥炭粘土地上，結果所生的雞蛋蛋殼非常柔軟。當他開始給予雲母後，發現雞會貪婪地吃著雲母，藉此解決鈣缺乏的問題。就在翌日，母雞生下重約七公克，具有硬殼的蛋。對此，凱布朗認為雲母中的鉀，在雞的體內經由以下反應而轉換為鈣：

$$^{39}K + {}^{1}H \rightarrow {}^{40}Ca$$

此外，凱布朗又從狗、老鼠及人類的飲食實驗當中，發現動物會配合食物中N的增減，以以下反應來調節其分量。

$$^{12}C + {}^{16}O \rightarrow 2\,{}^{14}N$$（N缺乏時）

$$2\,{}^{14}N \rightarrow {}^{12}C + {}^{16}O$$（N過剩時）

凱布朗也發現了以下的反應：

$$^{23}Na + {}^{16}O \rightarrow {}^{39}K$$

$$^{39}K + {}^{1}H \rightarrow {}^{40}Ca$$

$$^{23}Na + {}^{1}H \rightarrow {}^{24}Mg$$

$$^{24}Mg + {}^{16}O \rightarrow {}^{40}Ca$$

有關Na、K、Ca、Mg，可用以下代表H和O移動情形的環狀鑽石圖來說明。

環狀鑽石圖

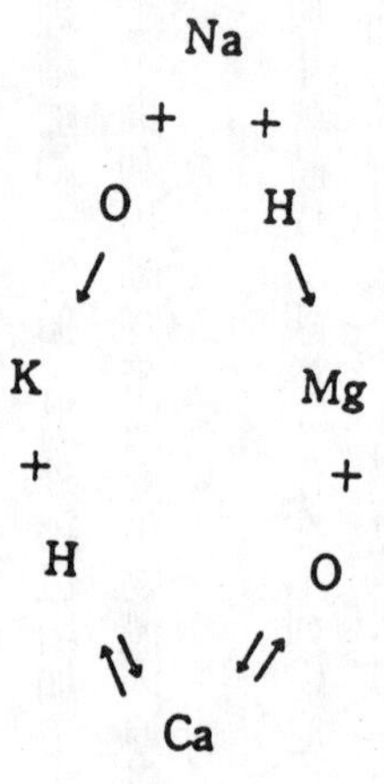

●在自然環境中也會產生原子轉換

不只是在生物體內，在自然環境中也會產生原子轉換，只是我們沒有察覺而已。以錳（Mn）爲例，是細菌由鐵（Fe）奪走H，再經由以下反應生成的：

$$^{56}Fe - ^{1}H \rightarrow ^{55}Mn$$

其證據是，鐵和錳只是比例不同而已，卻會一併產生。此外，也證明了海底的錳塊有細菌存在。

現代人大多認爲，石油是昔日的樹木埋藏在地底變化而來的，不過凱布朗卻不這麼認爲。相反地，他認爲石油是由受到擠壓的珪（Si）的結晶片岩所形成的。

$$^{28}Si \rightarrow ^{12}C + ^{16}O$$

其中O因爲無法逃離而遭到壓縮，經由 $^{16}O + ^{16}O \rightarrow ^{32}S$ 形成硫磺，成爲含硫化物較多的石油。

今將凱布朗對原子轉換反應的研究，整理敘述如下：

- 在生物體內會產生原子轉換
- 只要有相當於核物理學理論值百分之一以下的微量能源，就能引起原子轉換。
- 大部分的原子轉換，只會發生在原子編號到三〇爲止的原子中。

- 原子轉換是由O、H、C、L的移動所引起。
- O是唯一無法使其分離的堅固原子。
- 這些反應會由安定的原子轉換爲安定的原子。
- 原子轉換不會產生放射能。
- 原子轉換大多會產生酵素。

●因原子轉換實驗獲得諾貝爾獎提名

日本人在獲知凱布朗的生物體內原子轉換實驗後，也開始進行研究。

其中之一爲京都大學農學系的小牧久時博士。他認爲凱布朗的實驗大多以動物爲對象，似乎不夠精密，於是改用專門的發酵微生物進行精密研究，看看會不會產生原子轉換。

在嚴格管理下，小牧使用酵母菌等約三〇種微生物進行實驗，結果發現鈉會轉換爲鉀或鎂、鉀會轉換爲鈣、錳會轉換爲鐵，亦即會出現各種原子轉換現象。

此外，又使用二十四種微生物，證實會有磷生成。

以實驗證明生物體内原子轉換的小牧久時博士。

$^{14}N + ^{16}O \rightarrow ^{30}P$

一九七五年，凱布朗和小牧久時博士，同時被提名角逐諾貝爾醫學生理學獎，不幸雙雙落敗。我個人認爲，他們之所以未能獲獎，是因爲大多數科學家都不承認有生物體內原子轉換的現象存在。

目前小牧久時博士組織「小牧久時和平財團」，積極推展實現世界和平及地球環保運動，同時也向文部省全力爭取設置「地球環境大學」（只有研究所）。

另一位進行原子轉換實驗的日本人，名叫櫻澤如一。他將號稱「無雙原理」的哲學，推廣到全日本及世界各地。

所謂無雙原理，是將東洋醫學根源所在的陰陽論，視爲宇宙的普遍真理，以其爲歷史、醫學、科學、經濟、社會等各個範圍的指導原理，並且建立體系。其宗旨是希望大家瞭解宇宙是由物質世界與多次元（非物質）世界所構成，萬物皆爲陰陽的組合，同時在生活中加以實踐。

具體的例子是，食物可分爲陰、陽兩種，只要均衡攝取，就能擁有健康、恢復體力。

當然，在這個時候，調理法也是非常重要的因素之一。

關於無雙原理，目前正由「日本ＣＩ協會」以販賣正食食品（自然食）爲主，持續進行活動。

櫻澤在赴法推廣無雙原理期間，認識了凱布朗，二人成爲知己。後來櫻澤將凱布朗的作品翻譯成日文出版，同時也建議小牧久時博士進行生物體內原子轉換的研究。

另一方面，他自己也在實驗室內進行原子轉換的實驗。

櫻澤以放電管代替生物，在放電管中進行原子轉換。此外，他還致力於使原子轉換工業化。

有關櫻澤爲什麼要使放電管進行實驗，我不得而知，不過在一九六四年六月二十一日當天，他的實驗獲得了成功。

櫻澤在放出鈉特有的黃色光譜的鈉放電管中加入氧後，黃色即告消失，取而代之的是將鉀特有的淡紅色光譜。換言之，實驗證明產生以下的反應：$^{23}Na+^{16}O \rightarrow ^{39}K$，亦即產生了鉀。

進行原子轉換實驗的佐佐井讓。

最近和實際參與這項實驗的佐佐井讓先生有過一面之緣。在談活當中，佐佐井先生說明了當時的實驗情形，同時還展示了許多珍貴照片。

據佐佐井先生表示，實驗是在武藏工大機械工學系鳥居知弘助教（當時）的研究室進行，而實際進行這項實驗的，共有鳥居、佐佐井及山本昇等三人。

鈉放電實驗所用的放電管，如下頁的照片所示爲S型，爲免放電管内有不純物質混入，特採用無電極方式只保留鈉。至於放電，則是將線圈周圍繞在放電管周圍，當成電極來進行。

根據佐佐井的說法，原子轉換是經由顏色的光譜及光譜照片加以確認的。雖未經過嚴密的分析，但確實產生了鉀。另外，也進行電極使用碳和鋁的實驗。經過重複在空氣中及真空進行碳電極實驗後，確認獲得了以鐵爲主，原子符號到三〇爲止的原子混合物。在這同時，也產生了金。

碳電極反應是組合電極的碳（^{12}C）、空氣中的氮（^{14}N）與氧（^{16}O）、大氣水分中的氫（^{1}H）等四個原子，從而產生不同原子符號的元素。

受到實驗成功的鼓勵，櫻澤將其技術介紹給日本幾家大型企業，希望能使其工業化，然而卻未獲採納。

於是櫻澤決定自己來做。爲了研究原子轉換工業化的課題，他擬定了設置研究所的計劃。其目標如下：

- 將海水中的鈉變成鉀。
- 利用空氣中的氮製造硅（$2\,^{14}N \rightarrow {}^{28}Si$）。
- 將鐵轉換爲錳。

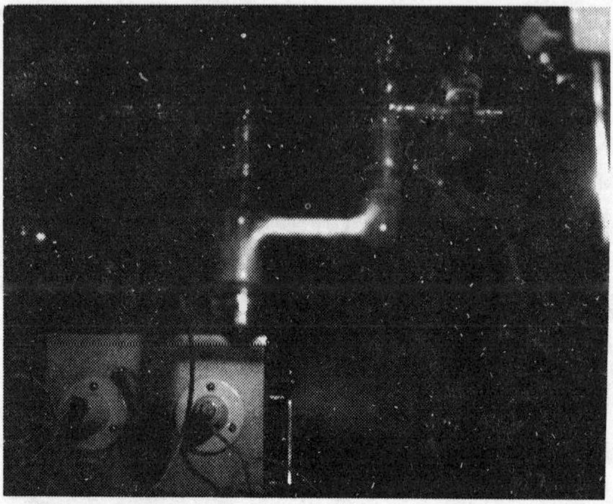

1964年於武藏工大進行的
由 Na 到 K 的原子轉換實驗。

以鐵為電極的放電管原子轉換實驗。

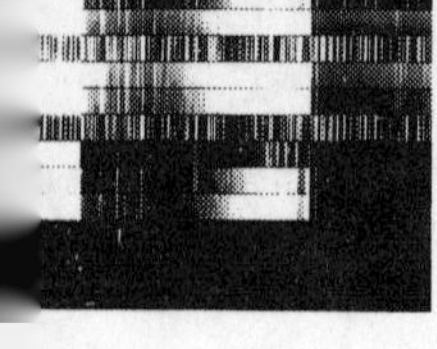

在碳電極放電管內所生成的物質原子發光光譜照片。顯示引起原子轉換的現象。

・利用原子符號到二〇爲止的輕元素製造金。

・製造鑽石、新的礦物或金屬。

令人遺憾的是，櫻澤還來不及完成這個計劃，就溘然與世長辭了。

佐佐井在櫻澤死後仍持續進行研究一年，但最後卻因故中止。

現年七〇歲的佐佐井，仍以「日本ＣＩ協會」的正食食品爲主，致力於推廣櫻澤所確立的無雙原理。

●為什麼會產生生物體內原子轉換？

經由以上的說明，想必各位早已明白，在生物體內經常會產生原子轉換。

核物理學認爲，除非給予巨大能源，否則就不可能產生核反應。

因此，據此理論作爲武裝的物理學家，始終不肯相信經由嚴格實驗所證明生物體內會產生核反應的事實。換言之，生物體內原子轉換這個現象，至今仍未被學界接受，但事實上，生物體內的確會產生原子轉換，也就是核反應。

那麼，生物體內核反應是基於何種原理而產生的呢？

關鍵就在於櫻澤於放電管內引起核反應的實驗。第二章說過，放電會放射宇宙能源。同理，放電管內經由放電，也會放射出高濃度的宇宙能源，使其大量存在於空間中，因此當然很容易產生核反應。

多極弧光是一種巨大的放電技術。除了能放射大量宇宙能源以外，其反應也證明能產生原子轉換。例如，可形成不會生鏽的鐵；而原本無法自由混合的鐵和鋁，可以用任意比例混合成合金，成爲前所未有的新材料。

佐佐井使用單極弧光進行空氣中碳電極放電實驗，證實能夠產生鐵等多種類原子。而多極弧光能產生比單極弧光更强的宇宙能源，所以必能產生原子轉換。至於目前，可藉由元素分析等精密實驗加以確認。

那麼，爲什麼在生物體內會產生核反應呢?由第二、三章的說明可以知道，生物體內、尤其是微生物體內充滿了宇宙能源，故容易引起核反應。

放電與微生物共通的關鍵，是「充滿宇宙能源的空間」。

正如第一章所言，原子核中的陽子、中子，是宇宙能源塊，不斷有宇宙能源超微粒子出出入入的旋轉體。當這種原子核存在於高濃度的宇宙能源空間中時，只要一點點能源，便可在生物體內引起核反應。

●常溫也能引起核融合

另一個超乎核物理學常識的核反應，就是「常溫核融合」。

根據現代核物理學的理論，要想引起核融合，首先必須使互相對抗帶正電的原子核附著在一起產生反應才行，而戰勝正電荷反抗能源需要巨大的能源。

核融合反應能產生巨大能源，被視爲二十一世紀的理想能源，各國均不惜投下鉅資進行熱核融合的開發。但因必須在一億度的超高溫度下，製造高密度的等離子體狀態，故要想引起核反應需要莫大的能源。

而在最近，有人根據其研究成果，否定了先前的說法。

這個研究成果的主要內容如下：在非超高溫的等離子體狀態下，也會引起核融合反應。換句話說，或許只需藉由常溫核融合，就能取得大量能源。

報告於一九八九年三月二十三日提出，發表者爲英國沙章普敦大學的福萊休曼博士，美國猶他大學的龐茲博士等人。不久之後，美國布里加姆青年大學的瓊斯博士及其研究小組，也提出類似的研究報告。

他們是以鈀（陰極）與白金（陽極）爲電極對重水進行電解，結果檢出大量的熱與中子。據報告指出，重水被陰極的鈀吸收後，引起以下的核反應：

$D+D \rightarrow He+n$

$D+D \rightarrow T+H$

其後，有世界各地的研究者陸續展開追加實驗。由於一開始並不順利，因此，很多人都認爲根本不會出現核融合反應。及至追加實驗獲得成功的例子相繼出現，人們這才相信常溫核融合現象確實存在。

不過，大量的熱並未如預期的那樣順利產生，因此無法當成能源來使用。在後面的章節中，我們將以做學問的心態，繼續研究核融合何以會在常溫之下產生。

●引起常溫核融合的原因為何？

常溫核融合現象確實存在，不過卻不會出現預期中的能源。

截至目前爲止，科學界仍然無法解釋何以在常溫之下會引起核反應。儘管如此，我們還是要問，常溫核融合究竟是基於何種原理而產生的呢？

關於這點，我們來聽聽希臘大學數學、物理學教授P．T．帕帕斯的說法。

帕帕斯教授是少數幾個以宇宙能源爲主，從理論層面進行研究的宇宙能源理論研究家之一。凡是與宇宙能源有關的國際會議，他都一定會出席，並且發表研究報告，是宇宙能源研究方面的佼佼者。

希臘的大學數學·物理學教授·P·T·帕帕斯博士。

繼發表論文「常溫核融合與宇宙能源」之後，帕帕斯在一九八九年十一月於瑞士召開的宇宙能源國際會議上，再以「利用火花放電創造能源」爲題，發表他的理論。

帕帕斯的理論內容如下：

「最早發表常溫核融合的龐茲—福萊休曼，是使用弧光放電裝置成功地引起常溫核融合。這時所產生的能源，是在弧光放電下發生的宇宙能源與核融合所引起。」

「龐茲—福萊休曼爲什麼没有注意到這一點呢？事實上，從錄影帶中的閃光，亦即清晰的火花，便可看出原子融合的現象。」

也就是說，帕帕斯認爲，龐茲—福萊休曼除了重水的電解裝置以外，還使用弧光放電裝置，結果由此產生宇宙能源，致使整個實驗場充滿宇宙能源，因此，在常溫下容易引起核融合反應。在龐茲—福萊休曼實驗中出現的閃光、亦即火花，其實就是引起核融合現象。

龐茲—福萊休曼發表常溫核融合的報告後，世界各地有許多科學家進行追加實驗，但是成功的人卻很少。那是因爲，龐茲—福萊休曼並未提及併用弧光放電裝置這件事，是以追加實驗無法使實驗完全再現。

總之，帕帕斯的看法和我一樣，認爲常溫核融合必須在宇宙能源充分存在之下才能引起。

那麼，爲什麼在宇宙能源存在下會產生常溫核融合呢？帕帕斯針對這點作了以下的說明。

電磁氣學普遍認爲，電荷具有同性相斥、異性相吸的特質，不過這種想法並不正確。例如，兩圈電流合而爲一時，會形成大型磁場，而不會出現互相抵抗的現象。

帕帕斯提出「安培—帕帕斯基本法則」，認爲當荷電粒子在光速約七〇％以下時，異種電荷粒子會相吸，同種電荷粒子則會相斥。反之，當荷電粒子達光速約七〇％以上時，同種電荷粒子會相吸，異種電荷粒子卻會相斥。

由吸引力即可說明核融合現象。至於過剩能源，也可以用安培—帕帕斯基本法則來說明。

或許單憑這樣還無法充分說明常溫核融合反應，但帕帕斯獨創的基本法則，卻指出了荷電粒子會因速度不同而改變相吸、相斥性質的事實。從這點來看，這不也是一項重要的發現嗎？

我認為，在宇宙能源存在的條件下，同種荷電粒子間的吸引力會產生強力作用，從而引起核融合反應。這時，宇宙能源的濃度愈高，就愈容易引起反應。

總之，生物體內原子轉換與常溫核融合，的確是在宇宙能源存在下才能產生；反過來說，只要能製造一個充滿宇宙能源的空間，就可引起核反應。一旦此一技術確立，便可創造出任意原子。

如此一來，不僅可實現中世紀的煉金術，目前形成嚴重問題的放射性廢棄物，也可藉由將其轉換為非放射性物質而獲得解決。

●獲得諾貝爾獎的超電導「BCS理論」

「高溫超電導」與常溫核融合一樣，都是非常重要，而且是現代科學無法解釋的現象。據我推測，高溫超電導應該也和宇宙能源有關。在這個章節中，我們將深入探討其原理。

首先說明超電導現象。所謂超電導，是指「金屬、合金、化合物等的電氣抵抗，在某種溫度以下會成為零的現象。」簡單地說，就是物質的電氣抵抗完全消失的現象。

此一現象，是荷蘭物理學家卡梅林・翁尼斯於一九一一年發現的；當水銀處於絕對溫度四K的極低溫時，電氣抵抗等於零。翁尼斯就因為這個研究而獲得諾貝爾獎。

其後又發現，不只是水銀，鉛在七K的極低溫、金屬化合物鈮3鍺在二十三K的極低溫下，也會出現超電導現象。

超電導現象是如何產生的呢？由巴丁、克帕、休萊巴等三位學者於一九七五年提出的「BCS理論」，即可加以說明。

BCS理論是取三人姓名的第一個英文字母加以命名的。主要內容如下：和一般電子因為具有負電荷而會發生反抗現象的情形不同，超電導體中的電子因情況特殊，會兩兩互相吸引，形成稱為克帕對的電子對。一旦形成電子對後，就能毫無抵抗地流入金屬格子中而没有電氣抵抗，這就是超電導現象。

●理想中能節省能源的高溫超電導風潮雖已過去，但……

在不久以前，超電導現象一直被認為只有金屬或金屬化合物，而且是在二十三K以下的極低溫才會產生。

但出乎物理研究者的意料之外，IBM的研究人員發現，一般認為不會導電的陶瓷，可藉由比三〇K更高的溫度產生超電導現象。

高溫超電導風潮之所以在世界各地興起，關鍵就在這裡。其後有人對各種材料的陶瓷進行研究，結果發現引起超電導的溫度（稱為臨界溫度）引，從九十八K、一二三K、一七五K

不斷上升，甚至還有以接近室溫的溫度也能引起超電導現象的報告出現。美中不足的是，這些實驗都不具有再現性。

目前，高溫超電導風潮已暫時銷聲匿跡，研究者則另闢戰場，致力於開發高溫超電導材料，希望能經由室溫產生超電導。

那麼，在室溫下引起超電導有何高明之處呢？

一旦製造出電氣抵抗爲零的導線時，就不會造成送電時的耗損而能節省電源。使用於電器用品時，也能提高效率、減少電力消耗。超電導可用於線性發電機牽引車，如果能夠在室溫下引起，便可免去冷卻過程，從而減少電力消耗。由上述優點來看，這稱得上是一項革命性的偉大成就。

●高溫超電導陶瓷能放射強力宇宙能源

有關可在室溫下使用的高溫超電導材料的開發，只是時間問題而已。不過，利用陶瓷、而且是以接近室溫的溫度，爲什麼也會產生超電導現象呢？關於這點，目前我們還不得而知。

前面介紹ＢＣＳ理論是指金屬在極低溫下會引起超電導現象，但溫度卻僅止於四〇Ｋ而已，根本無法用來解釋何以陶瓷會出現超電導現象。

我認爲，陶瓷的高溫超電導現象和常溫核融合一樣，是與「宇宙能源」有關的反應。

首先來談談材質。高溫超電導陶瓷，是用希土類和金屬氧化物混合燒成的。這些物質具有結晶構造，而其結晶構造如圖所示，是由無數金字塔型或八面體集結而成的。而金字塔型和八面體等幾何立體構造，能與宇宙能源共振，集積放射宇宙能源。

根據這點來看，高溫超電導陶瓷當然也能放射强力宇宙能源。

此外，先前也說過，永久磁石可由真空取得宇宙能源形成磁氣，堪稱爲取得宇宙能源的喞筒。

現代人爲了製造强力永久磁石，乃開發了用希土類釹製成的釹磁石。其原因就在於，釹等希土類元素能夠强力吸收宇宙能源。

同理，使用希土類元素的高溫超電導陶瓷，當然也會放射出强大的宇宙能源。

當宇宙能源强力放射時，就會形成電子產生電，故陶瓷會具有導電性，並產生類似超電導的現象。

陶瓷高溫超電導與金屬超電導原理ＢＣＳ理論一樣，都是電子兩兩牽引成對（電子對），可以毫無抵抗地就通過，因此可用宇宙能源來加以說明。

以常溫核融合爲例，當宇宙能源存在時，同種電荷粒子的吸引力發揮作用，結果就會引起核反應。

超電導體構造的一例

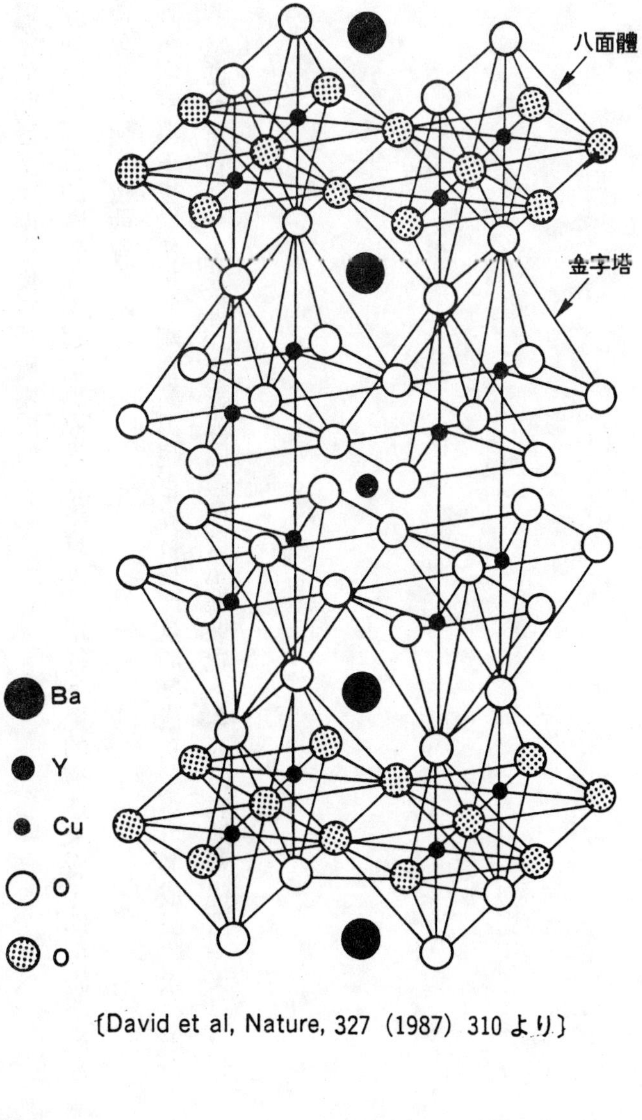

〔David et al, Nature, 327 (1987) 310 より〕

同理，當陶瓷高溫超電導產生強力宇宙能源時，自然電子間也會出現引力的作用。這時，在穩定的狀態下，即可使電子兩兩成對。

這就是我所認爲的陶瓷高溫超電導原理。事實上，單從陶瓷的構造來看，即可證明高溫超電導現象必然與宇宙能源有關。

此外，在室溫下也能使用的陶瓷高溫超電導材料一旦開發成功，將可製成吸收永久磁石磁力的蓄電器（電容器），並進一步完成固體型發電機裝置。本人由衷地希望這一天早日到來。

第 5 章

現代科學是
充滿缺陷的科學

「現代科學是萬能的、正確的、絕對的」……
事實已經不是如此了。
我們可以聽見現代科學
萬能神話崩潰遠去的腳步聲。

●現代科學並非萬能

現代科學在物質科學方面，有顯著的發展。例如，透過核物理學的發展，造就了原子力利用技術；電子工學的飛躍進步，形成了電腦技術與自動化技術；醫學的發達，促進高度醫療技術；遺傳因子工學的發達，則促進了生化科技及宇宙開發技術。總之，科學在各個範圍的技術進步程度，真是日新月異，令人瞠目結舌。

不論是在日常生活或工作上，我們都充分享受到這些成果所帶來的便利，從而實際體會到科學技術的顯著進步。

因爲這個緣故，幾乎每個人都相信「現代科學是萬能、正確、絶對的」。

但由現代科學未曾察覺可由空間中取得電，以及無法解決常溫核融合、高溫超電導等重要現象的原理來看，可知它並非萬能。相反的，現代科學是具有許多缺陷的科學。

如果只是無法説明重要現象那倒還好，問題是，現代科學愈發展，就愈使地球環境遭到污染、破壞，愈使能源問題惡化，愈使人類朝毀滅的方向前進。如果再這麼下去，人類終將無法繼續生存。這個事實，清楚地顯示出現代科學具有缺陷。

而科學原本應該是能解釋自然原理、增進人類幸福、給予人類夢想與希望才對。

那麼，爲什麼現代科學會成爲缺陷科學呢？本章除了從歷史觀點加以調查外，還將檢討

現代科學的缺陷在何處。

在檢討之前，首先必須瞭解「科學」的定義。

所謂科學，就是「確實、合理、有根據、所有的人都認可的知識體系」。以宗教哲學爲例，對某些人而言可能是至理名言，對其他人則未必如此，因此不能算是科學。

科學大致可分爲「經驗科學」與「形式科學」。

經由自然觀察或實驗等人類經驗，根據明確事實而成立者，稱爲經驗科學。不需觀察與實驗的科學，則稱爲形式科學。像數學和邏輯學，即屬於後者。

經驗科學又包括社會科學與自然科學。

本書所要探討的現代科學或近代科學，是屬於自然科學。值得注意的是，自然科學經常被單獨稱爲科學。

●現代科學需要示範

在此要先對「示範」一詞稍加說明。

所謂示範，就是「成爲某種科學體系基礎的支配性理論範圍。」具體地說，即一種科學體系的根底，包括科學家的想法、研究對象的範圍、理論體系或研究手法等。

示範一旦獲得社會大衆的認可，其想法就會被視爲絕對正確。所以，要改變示範非常困難。

例如，中世紀的歐洲，受到「天動說」的影響，認爲太陽繞著地球轉。天動說於西元一四〇年左右，由希臘天文學家普特雷麥歐斯提出。在中世紀時代，地球爲宇宙中心的天動說是一種常識。

當然，現代科學人都知道天動說是錯誤的。不過將天動說改爲地動說，這種改變示範的作法，卻是經由哥白尼、開普拉、伽利略、牛頓等許多科學家的努力，足足花了兩個世紀才完成的。

由此可知，要改變科學示範絕非易事。

對科學家而言，要改變示範也非易事。因爲，示範一經成立，科學家就會依循範例進行研究，除非萬不得已，他們通常不會改變示範。此外，一旦示範以後，所有脫離示範範圍的事物，都會被視爲非科學而受到漠視、排斥。

在整個科學歷史中，曾經發生過二次改變示範的事件。第一次是將天動說改爲地動說，也就是轉換爲牛頓力學。這，可說是近代科學的開始。第二次則是由牛頓力學轉換爲相對論與量子力學的體系。相對論及量子力學的登場，瓦解了牛頓力學的基礎，但後者並未因此而遭到廢除。有鑑於宏觀領域仍可利用牛頓力學來說明，因此仍然被視爲古典力學而殘存著。換句話說，現代科學是牛頓力學、相對論、量子力學組成的理論體系。

這裡之所以提到示範的改變，是因爲現代科學的示範需要改變。

●伽利略、培根、迪卡兒、牛頓

現代科學，是由哥白尼於十五世紀末發表地動說後開始的歐洲近代科學發展而來的。如果想要知道現代科學何以是缺陷科學，就必須從歷史觀點查明近代科學是如何成立的。

有關近代科學範圍及研究方法等示範，在近代科學成立時期即已大致確立。近代科學的方法論，是由伽利略、培根所確立；科學範圍則是由迪卡兒等人所確立。牛頓則加以綜合，將牛頓力學體系化。以下就爲各位簡單介紹這些科學家的成就。

◆伽利略

義大利的伽利略（一五六四～一六四二年），因支持哥白尼所主張地球繞太陽轉的「地動説」而著名，此外還進行物體落地實驗，開創運動力學，確立了近代科學的研究手法。

自古希臘以來，科學就以「觀察」爲基本，將自然界的各種現象觀察分類，從而發現許多法則。

在伽利略之前，科學家以觀察爲主體。然而，伽利略卻創立以「實驗」來研究科學的嶄新方法。

伽利略

伽利略所創的實驗手法，是以實驗（測定）取代觀察，從中發現自然法則，讓自然於研究室內再現。

另外，他也以數學方式記錄實驗結果。科學家用數字來記述自然，在當時也算是一種創新方法。

伽利略認爲，科學家的活動，應該限定以數學的客觀性爲對象，凡是無法數量化的主觀對象，均必須加以排除。

整體而言，伽利略的科學手法是「先將現象分爲各個要素（分解），再逐一調查（分析），然後組合（綜合）起來，如果能恢復原狀，自然即可瞭解該現象的原理。其次是成立假設，以實驗方式進行檢證。最後，則是進行數量性的研究。」伽利略就是利用這個方法，瞭解了大砲的彈道問題。

這個方法與現代科學的方法完全相同。

◆培根

英國的培根（一五六一～一六二六年），也創立了至今仍在使用的科學研究手法—「歸納法」。

何謂歸納法？首先必須做個實驗，在得到共通的一般結論後，再重複先前的實驗，檢證最初所提出的結論。

即使是在今日，「歸納法」依然是現代科學經常採用的研究手法。

此外，培根還認爲：「人類應該藉著科學征服、支配自然，使自然有助於人類的幸福才對。」

培根是具攻擊性的人類，但是他卻以「人類應該藉由科學征服自然」的想法爲前提，相信「神」的存在，認爲科學不能違反神的意志，人必須尊敬神之道。在他的心目中，發揚鄰里之愛就是實踐神意。在這之上，他主張「利用科學來支配自然」。

遺憾的是，現代科學只承襲了「征服自然」的想法，壓根兒就忘了「神」的存在。

◆迪卡兒

身爲法國哲學家兼數學家的迪卡兒（一五九六～一六五〇年），確立了現代科學的範圍（示範）。

迪卡兒注重徹底思考的合理性，經常先懷疑一切，直到分析清楚以後才相信其爲真實。像他所留下的名言「我思，故我在」，就是他利用自己創立的手法所得到的結論，充分表現出他的懷疑精神。

迪卡兒的科學哲學手法，是先將複雜問題細分爲「二元論」的要素。其次，過濾細分出來的理論，凡是有一絲懷疑、不夠客觀或無法用數值來表現的，都予以去除。最後，對剩下的部分再度進行研究，藉此瞭解最初的問題。這就是所謂的「要素還原主義」。

迪卡兒將自然區分爲「意識世界」與「物質世界」。在他眼中，物質世界是光用自創的「解析幾何學」的幾個公式，就可表現出來的完全機械。而且，包括植物、動物在內，一切生物都是精巧的自動機械。換言之，世界就是一個機械集合體。

既然世界一部機械，那麼只需將機械細分、研究，過後再加以組合，就可瞭解其整體了。

現代科學承襲迪卡兒的「機械論世界觀」及「要素還原主義」，以其作爲基本想法。

在今日，幾乎各個領域都會用到迪卡兒的分析手法。因此，現在的「科學」一詞，往往即意味著「是否使用迪卡兒的手法」。

迪卡兒

儘管將自然分爲意識與物質，但是迪卡兒卻認爲，人類的意識世界及被視爲機械的物質世界，都是「神」所創造出來的。此外，迪卡兒不僅相信「神」的存在，也承認人類有「靈魂」存在。

美中不足的是，現代科學只承襲迪卡兒的科學哲學手法，卻忘了神、靈魂及意識世界的存在，變成僅以物質世界爲研究對象的科學。

迪卡兒以二元論將自然分爲「意識」與「物質」兩種，因而決定了自然科學，也就是近代科學的範圍。換言之，自然科學僅以「物質世界」爲研究對象；至於「意識世界」，則被當成心理學或倫理學等社會科學來研究。

根據二元論，意識世界不再是自然科學的研究對象。因之，現代科學成爲只以物質世界爲研究對象的物質科學——這正是現代科學的缺陷之一。

◆牛頓

英國的牛頓（一六四二～一七二七年），是確立當今被稱爲「古典力學」的「牛頓力學」的科學家，素有「近代科學之父」之稱。除了是發現「萬有引力法則」的天才之外，牛頓的成就當然不僅止於此。

牛頓將開普拉、伽利略等前輩的成果和自己的實驗結果加以分析，終於由基本原理成立了開展一切知識的力學體系，這就是所謂的「牛頓力學」。

牛頓力學的完成，終於將「天動說」的示範改變爲「地動說」。

在這個過程中，牛頓綜合伽利略、培根、迪卡兒等人的科學研究手法，確立了實驗與理論並重，成爲現代科學基本的嶄新科學手法。

牛頓和迪卡兒一樣，將世界視爲機械而確立力學體系，但根本上仍然意識到「神」的存在。

基本上，牛頓認爲世界的構成要素，是堅固、不會遭到破壞的原子粒，支配一切運動的則是「萬有引力法則」，而形成原子和運動法則的卻是「神」。可惜的是，儘管「牛頓力學」至今依然延續，但是「神」存在的思想，卻已經被遺忘了。

牛頓

●僅以物質世界為對象的現代科學

牛頓力學（物理學）確立以後，近代科學有了顯著的發展。科學上的新發明和發現相繼問世，同時應用於產業界，掀起了產業革命。蒸汽機和電的發明，更使人們的生活變得

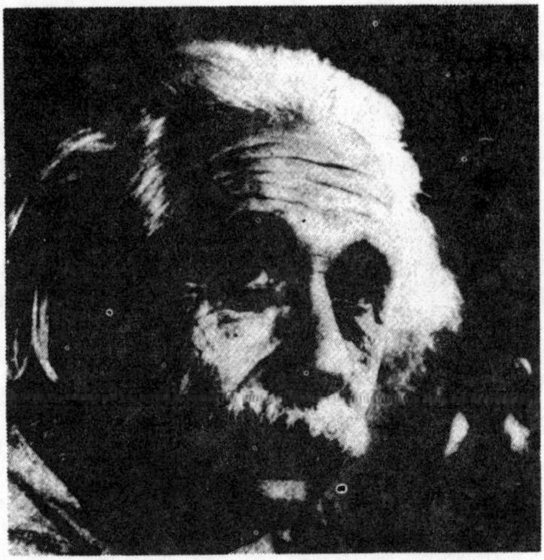

時間與空間是相對的，提出「相對論」的愛因斯坦，從根底推翻近代物理學常識。

方便、豐富。因爲這個緣故，即使是現代人，也依然堅信「科學是絶對的、萬能的。」

在這同時，科學又進一步將科學發展成支配自然的武器。

牛頓物理學於十九世紀到達頂點。在此之前，科學家們一直認爲只要應用牛頓物理學，就可說明一切自然。但隨著測定機器的發達、微觀領域研究的進步，人們終於明白牛頓力學並不能說明微觀領域。

在波亞、海森堡、休雷金格等人的努力下，新力學量子力學登場了。愛因斯坦的「相對論」，揭示以往被視爲獨立的時間與空間，變成具有相對性質，同時物質也能進行能源轉換，更徹底擊垮了牛頓力學的基礎。

經過以上的演變，現代科學在宏觀領域方面，是將牛頓力學當成古典力學來使用；至於微觀領域方面，則是採用量子力學和相對論。不過，現代科學僅以物質世界為研究對象這一點，基本上並未改變。

●現代科學的示範

現代科學究竟有哪些示範呢？茲整理敘述如下。

◆現代科學的理論體系

現代科學是以量子力學和相對論為基礎。此兩者和牛頓力學之間，具有決定性的不同點。

牛頓力學認為，物體運動可經由嚴密的牛頓方程式來決定。比方說，以某個時刻物體的位置和速度當成初期條件，在給予初期條件以後，就可以正確地預測之後物體的位置和速度了。但是量子力學則認為，在微觀世界中，具有想要正確決定位置時，速度就會變得不正確這種不確定性關係，因此可以機率來預測未來，而不能決定未來。這就是所謂的「不確定性原理」。

此外，牛頓力學認為時間與空間是獨立的，質量與能量亦然；至於相對論則認為，時間與空間並非獨立而是相對，物質也可以轉換為能量。

微觀世界必須使用量子力學與相對論，宏觀世界則只需使用牛頓力學即可。因為這個緣故，牛頓力學至今仍被當成古典力學來使用。

◆現代科學的宇宙觀與研究對象領域

迪卡兒以二元論的方式，將自然分爲「意識」與「物質」。因此，「意識世界」與「物質世界」。可以分開來研究。「意識」成爲心理學與倫理學，「物質」則成爲自然科學的研究對象。現代科學承襲其中一部分，成爲只研究「物質世界」的學問體系，而未納入意識學問體系。

在近代科學誕生之際，並不認爲宇宙單純只是物質世界。

以迪卡兒爲例，雖然他將自然分爲意識與物質兩部分，卻認爲二者全都是由「神」所創造出來，並且承認人類靈魂的存在。牛頓也認爲，創造自然及自然法則的是「神」。此外，伽利略和培根也相信「神」的存在。

由此可知，這些近代科學的創始人，全都認爲在宇宙中有創造自然、使自然運作的「神」存在。

而近代科學在發展過程中，卻不知不覺忘記了「神」的存在。

所以，現在的現代科學，將物質世界視爲宇宙的全部，而把有關神、靈魂及意識世界的問題，摒除於自然科學的研究對象之外。

◆現代科學的研究手法

現代科學目前仍以伽利略、迪卡兒、牛頓等人的方法爲基本。其手法大致如下：首先對現象的要素進行分析，其次成立假設，再經由許多實驗與觀察加以檢證。能夠檢證時，則將其數式化與法則化。

凡是無法用實驗證明的假設或理論，現代科學一概不予承認。換言之，現代科學就是重複實驗與理論化過程所發展出來的學問。

因此，只有能夠檢知，能夠實驗，具有再現性者，才是研究對象。

◆現代科學掌握對象領域的方式

受到迪卡兒的影響，現代科學有將任何事物都予以分割、研究的傾向。於是乎，將物質世界的研究對象領域縮小，再加以分割、研究，便被視爲理所當然。

誠然，學問領域細分化具有深入研究的優點，但同時也具有研究視野過於狹隘、不夠全面化的缺點。

●現代科學何以是缺陷科學？

由先前的說明可知，現代科學具有缺陷。那麼，它的缺陷在何處呢？爲各位列舉如下。

・現代科學僅以物質世界為研究對象。

宇宙一如迪卡兒所想的，是由「物質世界」與「意識世界」所構成。然而現代科學卻認爲「物質世界是宇宙的全部」，只以「物質世界」爲研究對象，無視於「意識世界」的存在。

●現代科學僅以能檢知、能實驗、具再現性者為研究對象。

現代科學認爲，只有能科學手段檢知、進行實驗、具有再現性者，才是科學的研究對象。反之，現代科學無法檢知、無法實驗、不具有再現性者，都不能成爲科學的研究對象。

●現代科學不承認神和靈魂（意識體）的存在。

如次章所說明的，神和靈魂（意識體）確實存在，但因無法用科學加以檢知，故現代科學根本不承認其存在。現今科學家大多認爲神和靈魂是宗教問題，絕對禁止科學摻雜神或靈魂等觀念。

●現代科學為分割科學，無法掌握全體。

現代科學具有將研究對象加以分割進行研究的缺點。以醫學領域爲例，容易形成對特定部位的診療非常拿手，對全身進行診療卻不得要領的現象。

由以上的說明，我們瞭解到現代科學之所以成爲缺陷科學的原因，也知道了缺陷究竟在何處。

不過，我相信很多人都不贊成我把「不承認神和靈魂的存在」歸納為現代科學的缺陷。關於這點，只要看看後章對靈魂存在及宇宙構造的說明，想必就能瞭解了。事實上，地球文明之所以會陷入瓶頸、精神文明之所以落後，原因就在於全體地球人都不知道神和靈魂的存在，也不瞭解宇宙的構造。

根據我過去的研究，宇宙間確實有神和靈魂存在，而不承認這一點正是科學的缺陷之一。

●現代科學對微觀世界能夠瞭解到何種程度？

宇宙是除了物質世界以外，還具有肉眼看不到的多次元世界的雙重構造。

下面就簡單介紹一下多次元世界。在我們周圍的空間中，有除了空氣以外的真空空間，存在於真空中的世界，就是多次元世界。多次元世界中也存在著宇宙能源，但因人類並不知道有宇宙能源存在，因此現代科學對超微觀世界的檢知手段有其界限。

現代科學的缺陷之一，就是幾乎無法研究超微觀世界。那麼，現代科學對超微觀世界究竟認識到何種程度呢？

接下來要為各位介紹的，是現代科學對超微觀世界、物質的終極、真空及作用於宇宙的「力」，究竟能夠瞭解到何種程度。

◆超微粒子的研究手法與最小檢知界限

對於物質的素粒子這種超微粒子，是如何加以研究的呢？

一般是採取使陽子、電子等素粒子在真空中正面衝突的方法來進行研究。只要使素粒子之間產生激烈的正面衝突，就可獲得有關素粒子構造的詳細情報。要想產生激烈衝突，只要提升欲使其衝突的素粒子速度就夠了。

提升素粒子速度使其衝突的裝置，稱爲「粒子加速器」。

粒子加速器有線形加速器及稱爲同步加速器的環形加速器。

線形加速器的線形愈長，粒子的速度愈快。至於環形加速器，只要圓周不斷運轉加速、半徑增大，就能提升素粒子的速度。

目前世界各地的主要大型加速器，是以環形爲主，併用一部分線形加速器。

爲了研究加速器何以能發揮巨大能力，科學家們都希望能製造更大型的加速器。當然，加速器愈大，所需要的建造經費也就愈高。

以研究物質的終極爲目的，美、日、俄、歐洲等地均已製成大型粒子加速器。目前所知能夠檢出最小粒子的，是德國方面稱爲HERA的圓形大型粒子加速器。利用此一裝置，可以檢知10^{-18}㎝的素粒子。

換言之，截至目前為止，現代科學所能檢知的最小單獨粒子，為10^{-18}㎝。所謂10^{-18}㎝，就是一公分的一〇億分之一再一〇億分之一。這個數字或許已經很小，但是，在宇宙中還有比這更小的粒子存在，只是現代科學無法檢出而已。由此可知，10^{-18}㎝即為現代科學的檢知界限。

美國於德州所建造的圓形加速器SSC（超傳導超大型加速器），周圍共有八十七公里，光是建造經費就花了一兆日幣以上。但是，就算SSC如期在本世紀末完成，最小檢知界限值也只能達到10^{-19}㎝～10^{-20}㎝而已。

◆科學對物質的瞭解程度

那麼，現代科學利用這些研究手段，對物質的終極究竟能夠瞭解到何種程度呢？

物質是由「原子」及一些原子規律結合的「分子」所構成。比方說水分子，是由一個氧原子與二個氫原子結合而成的。

原子的大小約為一億分之一公分（10^{-18}㎝）。

原子以帶正電、體積較小的「原子核」為中心，周圍有帶輕負電荷的「電子」環繞。原子核的半徑，為原子半徑的一萬分之一，也就是一兆分之一公分（10^{-12}㎝）。

此外，原子核是「陽子」與「中子」的集合體。例如，氫的原子核，是由一個陽子構成。氧的原子核，則是由八個陽子與八個中子所構成。

陽子和中子的半徑，約爲十兆分之一公分（10^{-13} cm）。陽子和中子則是由「夸克」所構成。

夸克的電荷爲電子、陽子的三分之一或三分之二，據說共有十八種性質不同的素粒子存在。

具體地說，陽子與中子是由三個夸克所構成。夸克目前還無法單獨取出，但是經由實驗已經確認，它們大部分是存在的。

這也就表示，構成現在物質的素粒子，就是構成陽子、中子的夸克和電子。

夸克和電子，是沒有人小的點狀粒子。經由實驗得知，它們比10^{-17} cm更小。

電子具有質量卻沒有大小的想法，各位或許很難理解。因此，將這些粒子視爲接近檢知界限，或比檢知界限更小，以致無法測定大小的想法，似乎比較正確。

◆瞭解真空及其現狀

原子的構造

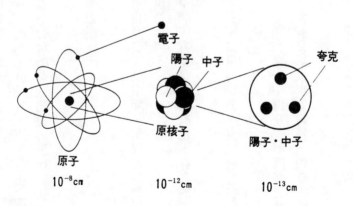

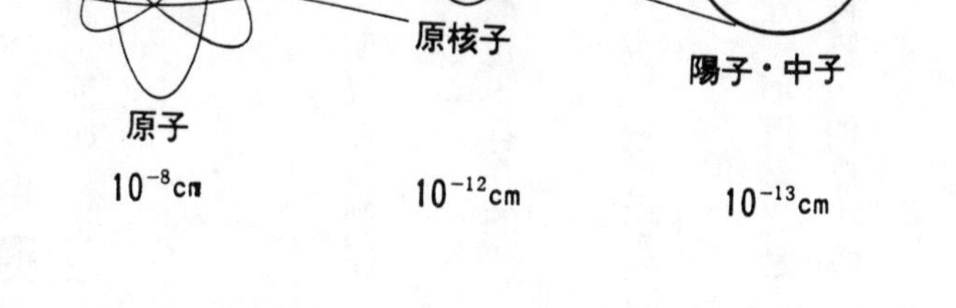

宇宙雖是由「物質」與「真空」所構成，但物質的實態其實也近乎真空。物質全都是由原子所組成，而在原子當中，幾乎都是真空的。也就是說，原子是正中央有原子核、周圍有電子環繞的構造。如果將原子核比作半徑一公尺的球狀物體，則如點狀般大小的電子，會在一〇公里外的遠處繞著球轉。

要言之，原子爲近乎中空的構造，而中空就是一種真空狀態。

因此，物質全都是真空的空間。

在我們周圍的空間中有空氣存在，而構成空氣的氮或氧也是真空的空間，所以在我們周圍全都是真空的空間。當然，生活在真空中的我們，本身也是真空人……。

提到真空的空間，這是非常嚴重的問題。所謂真空的空間，究竟是指什麼也不存在的空間，抑或充斥著現代科學無法檢知的超微粒子的空間呢？

早在過去，「真空」就已經是科學研究上的一大問題，有關真空的定義，也經過許多變遷。

十七世紀時，荷蘭科學家荷漢斯提出光就是波的說法。光能在真空中傳達，而既然光是波，當然必須有加以傳達的物質。例如，音雖是波，但如果沒有空氣或水等物質，則無法傳達。在真空中傳達光的，就是「乙太」這種超微粒子。

到了十九世紀末，邁克森、莫里等許多人，陸續展開調查是否真有乙太存在的實驗。

結果並未發現乙太。根據這個結果，兩人作出真空中並不存在乙太的結論。愛因斯坦更進一步以這個結論爲基礎，提出了相對論，認爲光是由光子這種粒子來傳導的。

不過，後來的真空實驗卻證實，真空並不是無的空間。

當真空遇到高能量放射線時，就會產生電子與陽電子、素粒子與反素粒子必然成對的現象。此外，當電子與陽電子、素粒子與反素粒子在真空中衝突時，將會形成能量光消失於真空中。

由此可知，真空並非什麼都沒有的空間，而是充滿能源的空間。

那麼，現代科學家是如何看真空的呢？「真空是充滿虛能源的素粒子與反素粒子的空間。一旦給與真空超出虛能源以上的能源時，真實的素粒子與反素粒子就會成對產生。不過，真空中虛能源的素粒子與反素粒子，目前還無法檢知」。

這也就是意味著，現代科學家承認：「雖然能源粒子無法檢知，但真空的確是充滿了能源的空間。」

◆對宇宙的「力」的瞭解

宇宙有「力」的作用。「力」與物質有密切的關係，是非常重要的要素。那麼，現代科學對「力」究竟瞭解到何種程度呢？以下就簡單爲各位說明一下。

除了已知的在天體間運作的「重力」，使磁石相吸、相斥的「電磁力」以外，宇宙中還有包圍陽子與中子的「强力」，以及破壞放射線的「弱力」。

這四種力的强度及可達距離均不相同。

如果「强力」的强度爲一，則「電磁力」爲一〇〇分之一，「弱方」爲一〇萬分之一，「重力」爲10^{-39}。此外，「强力」與「弱力」只能作用於超微觀世界。

自然界原本是非常單純的組合，但作用於自然界的力量並不只有一種，因此必須統一這四種力量來加以說明。

如今電磁力與弱力已經統一。除了「重力」以外，曾有人試著用「大統一論」統一其餘三種力量，可惜並未成功。

當然，也有人試著統一四種力量。

其所根據的是「超細繩理論」。這個理論的基本思想，是物質的終極並非粒子，而是長約10^{-33}cm的超微觀繩狀物體。

現代科學的最小檢知界限，爲10^{-18}cm，因此當然無法真接檢知這種物體存在。

在這種情況下，人類至今無法充分瞭解宇宙的「力」。

●現代物理學無法瞭解物質和宇宙

物理學是瞭解物質、查明宇宙構造的學問。它的知識會對各個範圍造成影響，是創造時代文明的基礎。換言之，物理學的發達狀況，對文明的影響極大。

下面就對現代物理學的研究現狀稍加整理。

目前所知的物質終極，爲夸克和電子。問題是，夸克存在著十八種不同的種類，科學家並不認爲它就是物質的終極。而構成夸克或電子的素粒子，可能根本就不存在。也就是說，他們認爲宇宙十分單純，終極粒子只有一～二種而已。

問題是，人類雖有心研究超微粒子，卻因研究方法有限，以致無法獲得突破性的發展。

現在所能檢出的最小粒子，爲10^{-18}㎝。而美國方面預計在本世紀末完成的ＳＳＣ超大型加速器，也只能檢知比現在更小一〇分之一～一〇〇分之一的粒子而已。就算ＳＳＣ順利完成，也不可能成爲瞭解超微觀世界的檢知手段。

由此可知，現代科學對於物質終極狀態的研究，正面臨瓶頸、遲遲無法找到打破僵局的端倪。

在真空的瞭解方面，雖然知道其間充滿能源，卻因檢知手段有限而無法獲得更進一步的情報。

前面說過，自然界共有四種力存在。現代科學家認爲宇宙的構造非常單純，因而試著將四種力統一爲一種，只可惜至今仍未成功。

從以上的敘述可以知道：「現代物理學由於研究手段有限，因而無法瞭解物質或宇宙。至於今後，也幾乎無法瞭解。」

要想打破現代物理學所面臨的瓶頸，方法之一就是稍後將爲各位介紹的「新科學」運動。

●主張有多次元世界存在的「新科學」

察覺現代科學和物理學正陷入瓶頸的科學家，於一九七〇年代以美國爲主，掀起一股「新科學」旋風。

其中較著名的，包括夫里丘夫・卡普拉、大衛・波海姆、卡爾・普里布拉姆、布萊恩・約瑟夫、豬股修二等人。他們的主張大致如下。

◆夫里丘夫・卡普拉

夫里丘夫・卡普拉爲美國核物理學家，也是新科學運動的創始者之一。

卡普拉認爲，物質世界不能還原爲像夸克一樣的基本構成要素，但整體之間相互關連，一切均非常調和，故而「整體包括」這種看法才是正確的。其理論與東洋神秘主義和意見一致。

此外，他認爲現代科學的缺陷，在於現代科學的源流——迪卡兒哲學。

「迪卡兒哲學中的分割及機械論世界觀，促進了古典物理學和科學技術的發展，同時也對文明造成莫大的損失。」

要言之，卡普拉認爲現代科學的瓶頸，就在於「要素分割還原主義」與「機械論世界觀」。要想打破僵局，就不能加以分割，而要採用包括整體的新理論才行。這個新理論，則與東方思想一致。

◆大衛・波姆

愛因斯坦的弟子，英國理論的物理學家大衛・波姆，也認爲現代科學的瓶頸，在於將世界細細分割處理的迪卡兒手法；正確的做法，應該是掌握整體，避免分割才對。

大衛・波姆

波姆曾說：「在現實可以看到的這個世界（明在系）背後，有操縱整體的秩序（暗在系）存在，並將整體納入部分中。至於現實世界，乃是隱藏起來的『某種東西』的投影。投影的範圍，不光只是時間、空間、物質而已，也包括意識在內。而在暗在系背後，有控制暗在系、使其組織化的超暗在系存在，那兒有所謂的睿智存在。此外，暗在系內充滿了能源。」

簡單地說，就是「宇宙是由物質世界（明在系）與多次元世界（暗在系）所構成，其中物質世界是反映多次元世界而存在的。在多次元世界中有意識存在，而且充滿了能源。支配多次元世界與物質世界的，是終極次元的存在（創造主）。」

◆卡爾·普里布拉姆

美國的大腦生理學家卡爾·普里布拉姆，主張存在於腦的記憶，是整體而非局部存在，藉此說明整體與部分的相互滲透性。此外，他還認為宇宙與腦之間，具有整體與部分的關係。

波姆以暗在系來表現的東西，普里布拉姆稱之為潛在次元。這個潛在次元，包括顯在次元在內，和波姆的主張相同。

◆布萊恩·約瑟夫

英國天才物理學家布萊恩·約瑟夫，以超電導研究於三十三歲獲得諾貝爾獎。為了說明過去科學無法說明的現象，約瑟夫認為應該將意識經驗當成變數，納入物理學理論中。

本身也是一名印度瑜伽導師的約瑟夫，在實踐由馬哈里西馬海西所創的TM瞑想的過程中，利用瞑想所得到的「直覺」，獲得許多與發明、發現有關的啓示情報。

◆豬股修二

日本「通產省電子技術綜合研究所」的豬股修二博士，也提倡新科學。

在看過尤里・基拉赴日表演彎曲湯匙的超常現象以後，豬股博士認爲這是不可能的事情，於是向彎曲湯匙挑戰，結果成功地憑意識使湯匙彎曲。

有鑑於超常現象明明存在，卻無法以現代科學理論來說明，豬股博士提出稱爲「意識工學」這種包含意識在內的新科學理論體系。

現代科學包含「物質」與「能源」在內，但豬股博士主張再加入「意識」，認爲「物質」「能源」「意識」是三位一體的，彼此間可能具有變換關係。

此外，在現實世界中，肉眼看不到的「影子世界」不僅存在，而且還充滿了「影子能源」。「影子能源」就是免費的宇宙能源，也是今後人類可以廣加利用的能源。

豬股博士還將影子世界用虛數來表示，導出複素電磁場理論。

提出「意識工學」新理論體系的豬股修二博士。

綜合前面的說明，可知豬股博士認爲宇宙是「實（物質）世界」與「影子世界」重疊的構造，必須導入能夠解釋一切現象的「意識」參量才行。另外，他還主張存在於「影子世界」裡的無限乾淨能源，應該好好加以利用。

以上所介紹的新科學研究者的主張，大多有異曲同工之妙。

也就是說，宇宙不單只有物質世界，還有肉眼看不到的世界——意識世界及神和意識體存在。今後的科學，必須是納入這種理論的科學才行。這和筆者在本書中所想講的理論，正好完全相同。

第 6 章

尖端科學家也承認有靈魂存在

分析超微觀世界

只要靈魂和宇宙沒有任何矛盾，

內部自然就能統一!!

●主張靈魂存在的科學家

現代科學不曾注意到肉眼看不到的多次元世界的存在，因而成爲無視於多次元世界存在的缺陷科學。

在多次元世界裏，不僅存在著超微粒子的宇宙能源，同時也存在著一般稱爲靈魂的靈生命體。

現代科學之所以不承認有靈魂存在，將靈魂視爲只有宗教才有的非科學思想，原因和宇宙能源一樣，只因爲它們無法以科學方式加以檢知、證明其存在。

導致現今地球文明陷入瓶頸的原因，正如先前所說，是因爲地球人没有察覺到多次元世界的存在，也不知道在那個世界裏，有無窮盡的宇宙能源和一般稱爲靈魂的靈生命體存在。

由這個意義來看，不承認神和靈魂的存在，也是現代科學的缺陷之一。

本章將爲各位介紹的，是人類也是由肉眼和稱爲靈魂的靈生命體所組成的雙重構造。

現代人大多認爲，肉體死後一切均告消滅。

那是因爲，他們認爲：「人類精神與心，會隨著肉體死而消滅。」在他們的心目中，「腦」是製造精神機能的物質，一旦腦細胞停止活動，當然精神機能也會同時停止。

事實上，人死後人類本體，也就是靈魂這種靈生命體會脫離肉體，在死後的世界繼續生存著。

當然，要證明靈魂存在非常困難，但顯示其存在的現象卻有很多，例如「臨死體驗」「轉世現象」「肉眼脱離體驗」及「倒退催眠」等。

有關靈魂存在的科學研究，在美國極爲盛行。

其中最具代表性的，是哲學家兼精神科醫生雷蒙・A・姆迪・JR，於一九七七年所發表的『窺視死後世界』。姆迪在這份花了他十一年的時間，收集一五○件臨死體驗加以分析、檢討所得的報告中，提出了許多共通點，用以證明靈魂與死後世界存在的可能性。

在同一時期，從事末期醫療工作的伊莉莎白・丘布拉・羅絲，根據長年接觸臨死體驗者與末期患者的經驗，寫成『死亡瞬間』一書。

她和姆迪一樣，主張有靈魂和死後世界存在。

以姆迪和丘布拉・羅絲的主張爲契機，許多科學家開始研究死後世界，其中包括肯尼斯・林格、麥克・塞波姆、艾迪・菲約爾、莫里斯・勞倫斯、艾爾藍道・哈拉爾德森、馬格特・格雷等人。

●姆迪的臨死體驗，一五○例分析

姆迪收集一五○件臨死體驗的例子進行分析，結果發現它們具有以下的共通要素。所謂臨死體驗，是指在他人看來已經死亡，實際上仍在死亡邊緣徘徊者的體驗。

◆很難用言語來描述

感覺非常真實，不像是在作夢，當事人完全喪失時間與空間感，只覺得自己好像到了另一個次元。對於這種體驗，幾乎所有當事人都表示很難用三次元世界的語言正確地加以描述。

◆感覺自己已經死去

大部分體驗者，都感覺到自己已經或即將面臨死亡。可以聽見醫生或在場人員所作的死亡宣告。儘管處於身體無法動彈的死亡狀況，本人的意識與聽覺卻非常清楚，能夠充分掌握周遭的動態，例如，清楚地聽見別人說：「已經臨終了」。

◆安祥地從痛苦中獲得解放

在死亡體驗的最初階段，很多體驗者都會覺得很舒服。

一般人在因疾病或意外事故而死亡時，會感到疼痛等痛苦。但是在臨死體驗中，卻全然不會感覺痛苦，而會覺得安祥、滿足、舒適。

◆聽見各種聲音

有許多體驗者表示，在臨死之際，會聽見很多以前不曾聽過的聲音，如噗唧或咔嘰等巨大聲音、狗吠聲、東西掉下來的聲音、風吹過的咻咻聲或叮叮噹噹的風鈴聲等。

◆**隧道體驗**

在聽到前述聲音的同時，很多體驗者都表示感覺自己被一股力量以猛烈的速度拉進一個黑暗的空間中。

對於這個黑暗空間，大多數人都以「洞穴」「井」「溝」或「隧道」「通風孔」等字眼來形容。

◆**肉體脫離體驗**

臨死體驗者最具特徵的體驗，就是脫離肉體、從高處俯瞰自己的肉體。

曾經在醫院經歷過臨死體驗的一名當事人表示，他曾以旁觀者的身分，由上方凝視病床上瀕臨死亡的自己、親眼目睹醫生、護士進行急救的情景，以及醫生宣布「沒救

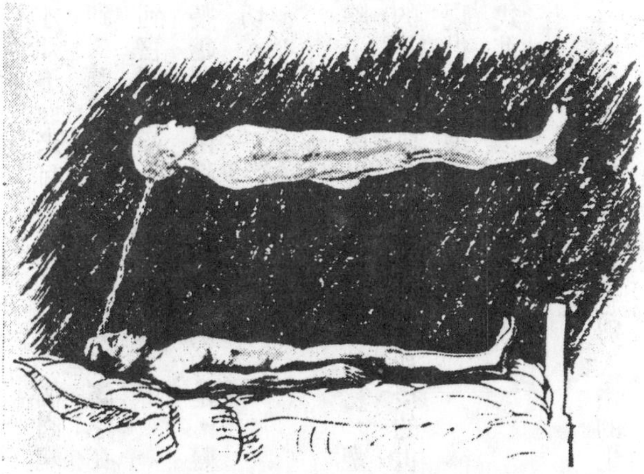

由肉體與靈生命所構成的人類，在死的剎那間，靈魂會脫離肉體。由臨死體驗談的諸多證言加以證明。

了」以後家人悲痛逾恒的樣子。

◆實際感覺到靈肉體

大多數體驗者直到有過肉體脫離的經驗後，才知道原來自己還有「另一個肉體」，也就是姆迪所謂的「靈肉體」。靈肉體的特徵是看得到、聽得到，但是，卻有如飄浮在空中的透明人一般，周圍的人既看不到它的影像，也聽不到它的聲音。

此外，靈肉體只要當事人心念一動，就能穿牆越門自由移動。更特別的是，靈肉體的意識能超越時間、空間，單憑知覺就在瞬間瞭解一切。

◆與他人相遇

在即將移入死後世界的關鍵時刻，會察覺到除了自己以外，周圍還有其它「靈生命」存在。這些靈生命通常是已死的親人、朋友，其目的是幫助當事人順利進入死後的世界。

當然，也有些靈生命是來警告死者趕快回到現世的物理肉體的。

此時，與他人的交談全都是以心電感應的方式進行。

◆遇見光生命體

接著會遇到充滿愛與溫情、全知全能的「光」。「光」爲具有意志與人格的生命體，感覺上似乎能夠看穿一切。體驗者與光的交談，是以心電感應的方式進行。

◆回顧一生

在光生命出現的同時，臨死體驗者會發現過往的一生，如同電影般迅速地掠過眼前。

這是讓死者反省自己這一生的生活方式。反省的重點，在於「是否學會了愛他人？」「是否培養了知識？」等等。

此一回顧一生的作業，可作爲體驗者決定今後前進路線的參考。

◆接近境界或界限

少數死亡體驗者表示，自己好像接近了某種境界或界限。對此，他們以「河川」「灰霧」「門」「柵欄」或「線」等字眼來形容。而在境界對面，幾乎都有一個美好的世界在等待自己。

感覺上只要超越這個境界，就會到死後的世界去，不過臨死體驗者當然沒有超越界限。

◆回到肉體後復甦

先前的體驗，全都是體外體驗，最後會有回到肉眼的感覺而重新活過來。「復甦」的情形，大多是受到其它靈存在的影響或指示而發生的。

以上是姆迪分析一五〇份臨死體驗者報告後，所得到的十二個共通構成要素。當然，完全符合上述要點的例子很少，大多數體驗者都只出現其中幾項而已。

姆迪將全部構成要素組合起來，形成所謂「死亡模式」。其內容如下：

「我現在瀕臨死亡狀態。正當物理肉體的危機到達頂點時，突然聽見主治醫生宣告我已經死亡。不知何故，我聽到很多雜音，同時身體也以猛烈的速度，穿過一條黑暗、長長的隧道。突然之間，我發現自己已經脫離肉體，並且以旁觀者的身分，在某種距離外凝視自己的物理肉體，以及他人對物理肉體施行急救的情景。在那一瞬間，我的精神處於混亂的狀態。

稍過片刻平靜下來後，我也逐漸習慣了這種不尋常的狀態。雖然我仍然保有「身體」，但是我們知道它和先前脫離的物理肉體，本質上並不相同，至少它具有某種特異能力。對我而言，這一切無異是一種嶄新的開始。已經死去的親友的靈魂，出現在我的身邊，他們都是特地來幫助我的。接著，一種過去從未經歷到、爲愛與溫情所包圍的靈——光生命——出現了。爲了要我回顧自己的一生，光生命在不需要用具體的語言的情況下，向我提出各種問題。另外還以連續的方式，把我一生中的重要事件於瞬間重現，這將有助於我檢討自己的一生。

到了某個時點，我感覺到自己已經接近界限了。我知道這就是現世與來世的交界。問題是，現在還不是死的時候，我必須回到現世才行。在這個時刻，我的內心開始掙扎。爲什麼呢？因爲，現在及死後世界的體驗，完全奪去了我的心志，使我不想再回到現世。我被劇烈的歡喜、愛和安祥壓倒。但不知怎麼地，靈肉體卻違反我的意志，再次與自己的物理肉體結合而活了過來。」

●臨死體驗的報告——的確有「另一個世界」存在

美國艾莫里大學心臟學助教麥克·塞波姆，過去堅信「人死後一切均告消滅，絶對没有死後的生或死後世界存在。」即使是在看過姆迪所寫的『窺視死後世界』後，仍然認爲「絶對没有這種事情」。爲了證明姆迪所謂死後的生與死後世界根本不存在，塞波姆開始收集有關臨死體驗的資料。

但是，根據一些有過臨死體驗的患者所提供的情報，他發現大多數臨死體驗者，都有和姆迪報告相同的體驗。

如此一來，就連塞波姆也不得不承認姆迪的報告是正確的，同時改變立場，相信確有死後的生和死後世界存在。

確信有死後的生與死後世界存在的塞波姆，以科學方式研究臨死體驗，並將結果寫成『從另一個世界回來——臨死體驗的醫學研究』一書。

促使塞波姆深入探討的動機，是因爲他認爲姆迪和丘布拉•羅絲的臨死體驗研究，只是單純收集臨死體驗者的報告加以分析而已，並未以科學方法做更進一步的研究。

受到姆迪研究的刺激，美國康乃狄克大學心理學教授肯尼斯·林格，開始以科學方式研究臨死體驗，寫成『臨終所見之死的世界』一書。

其次要介紹的，是以塞波姆和肯尼斯·林格等人的研究結果爲主的臨死體驗科學研究。

◆臨死體驗的發生頻度

塞波姆訪問了一一六名曾經陷入臨死狀態而又復甦的人。在這當中，不知道是否有過臨死體驗的，有七十八例。而在七十八名因心臟停止、陷入昏睡狀態或因意外事故而致意識昏迷的「陷入臨死狀態」的人當中，有「臨死體驗」者共三十四人，約占四十三％。

另一方面，肯尼斯·林格也訪問了一〇二名「陷入臨死狀態」者，其中有過「臨死體驗」者共四十九人，約占全部的四十八％。

由這個結果可以知道，在陷入臨死狀態者當中，約有四〇％的人有臨死體驗。

美國某著名民意調查公司，曾以成人爲對象進行有關臨死體驗的調查，結果發現大約五％，也就是約八〇〇萬名美國人有過臨死體驗。

◆臨死體驗各個要素的出現頻度

根據臨死體驗研究者的報告，臨死體驗者出現由姆迪分類出來的「臨死體驗的各大要素」的頻度極高。換言之，有過臨死體驗經驗的人，全都有過類似的體驗。

據塞波姆的調查結果顯示，臨死體驗各個要素出現的頻率大致如下：

六十一例臨死體驗者的臨死體驗各大要素出現頻率

·感覺自己已死　　九二％

・覺得安祥及從痛苦中獲得解放	一〇〇%
・肉體脱離體驗	一〇〇%
・脱離肉體後由上方俯瞰肉體	五三%
・感覺到靈肉體	九三%
・隧道體驗	二三%
・回顧一生	三%
・遇見光生命體	二八%
・接近進入超俗世界的境界	五四%
・與他人相遇	四八%
・回到肉體	一〇〇%

前述數字因各研究者而稍有不同，但可以確定的是，臨死體驗者出現「臨死體驗↓要素」的頻率相當高。

◆臨死體驗的個人背景

在調查臨死體驗與年齡、性別、人種、居住地、教育程度、職業、宗教、上教堂頻度的關係時，塞波姆發現它們之間完全無關。此外，塞波姆還發現，在患者陷入臨死狀態之前，即使已經具備有關臨死體驗的知識，也不表示較容易出現臨死體驗。再者，患者意識昏迷狀態的時間愈長，體驗臨死體驗的頻率愈高。

肯尼斯·林格和其它研究者，也發表了相同的研究報告。由此即可證明，臨死體驗是人類共通的現象，與個人背景無關。

◆臨死體驗者體驗的變化

所有的研究者都指出，臨死體驗之後，對死亡的不安會減輕，而且確信有死後世界存在。

依體驗者不同，臨死體驗有時會改變一個人的生活方式或對人生的看法。

此外，根據各研究者的報告，有過臨死體驗的人，預知或心電感應等超能力顯著提高的例子非常多。

●確信有死後的生及死後世界的研究者們

看過前面的說明後，或許讀者會認爲我是藉著臨死體驗，强烈暗示死後的生（靈魂）及死後世界的存在。不過，我的本意並非如此。對於臨死體驗，有的人認爲它是夢境，有的人認爲它是藥物所引起的幻覺，甚至還有人認爲它是一種癲癇發作的現象。

由於上述說法均無法巧妙地說明臨死體驗的一切，因而全部被臨死體驗者予以否定。

那麼，臨死體驗能否證明有死後的生、也就是靈魂及死後世界存在呢？在此要特別强調的，不管臨死體驗的體驗例增加再多，也只不過是狀況證據的累積而已，無法以精密的科學來加證明。即使是在今後，想要藉由臨死體驗、以科學方式證明靈魂和死後世界的存在，也是非常困難的。

儘管無法以科學方式完全加以證明，麥克•塞波姆、肯尼斯•林格等臨死體驗研究者卻認爲，很多的狀況、證據都强烈暗示有靈魂及死後世界存在，因此，他們對此也深信不疑。

●臨死體驗報告例——俯瞰病房的我

臨死體驗雖然無法完全證明死後的生，卻是死後的生，也就是靈魂存在的狀況證據。在前面所列舉的臨死體驗要素當中，最能强烈暗示靈魂存在的狀況證據，就是「肉體脫離體驗」。

關於肉體脫離體驗，臨死體驗者在意識昏迷的狀況下，照說應該對周圍的情形一無所知才對，但，事實上卻能由上方俯瞰躺在病床上的自己的肉體、正拚命進行急救的醫生、護士，以及守在一旁的親屬。

當事後回溯當時的狀況時，大家才知道幾乎每個人都有相同的經歷。以下要爲各位介紹的，是一則來自姆迪報告的具體實例。

這名因心臟病而送醫急救的女性患者，在心臟停止後出現臨死體驗。根據事後的回想，當時的情形大致如下：

「我感覺到正在脱離自己的肉體，慢慢地向上升起。接著，我看見好多護士飛快地衝進房來。我大略算了一下，總共有十二名護士。

護士當中有人呼叫正在查房的我的主治醫生。不久，我看到主治醫生走進病房。『醫生在這裏作什麼呢？』當時我想。

我一直上升到電燈的上方爲止，從側面可以清楚地看到電燈。這時我在天花板的角落飄浮著，並且俯瞰整個病房。當時我的感覺，就好像飄到天花板的紙片一樣。

我從上方清楚地看到手腳伸直躺在病床上的我的身體、護士們圍在床邊，醫生則忙著急救，想要把我救醒。

這時有個護士開口了：『怎麼樣?她死了嗎？』在這期間，另一名護士持續對我進行口對口人工呼吸。我看著她的後頭部，注意到她留著一頭短髮。就在這時，幾名護士用推車將某種機器推進病房裡，開始在我的胸口施行電擊。突然間我的身體彈了一下，甚至還可以聽到骨頭所發出的聲響。我感到非常害怕。

眼看著醫生爲我電擊胸部、搓揉手腳，我不禁奇怪：『爲什麼大家要這麼辛苦呢？我不是還活得好好的嗎？』」

●轉生的實證「孩童的前世記憶」

除了臨死體驗以外，「孩童的前世記憶」也能實際證明死後的生及死後世界的存在。

所謂孩童的前世記憶，是指孩子到了二、三歲時，會開始說一些有關前世的事情，父母加以查證後，驚訝地發現果然真有這麼回事。這個事實，證明的確有轉世的現象存在。

美國維吉尼亞大學醫學系精神教授伊安・史帝文生博士，自一九六〇年代起，即前往世界各地收集有關「轉世」的實例共二〇〇〇例以上加以研究，並將部分研究成果收錄在『記憶前世的兒童』一書中。

根據史帝文生的研究，能記憶前世的孩子並不多，但大部分具有這種能力的孩子，會在三歲前後說起與前世有關的記憶，到了六～七歲時記憶會逐漸模糊。

能夠記憶前世的孩子，前世大多不是自然死亡，而是意外橫死。而且，愈是意外橫死的人，愈容易記住前世的事情。

此外，報告還指出，能夠記憶前世的孩子，從前世死到轉世爲止，通常不超過三年。以間隔時間來說，意外橫死者比自然死亡者更短，因此意外死亡者能夠更早轉世。

下面就爲各位介紹一則史帝文生所收集的實例。主角是一位出生在泰國的孩子。他憑著前世的記憶，指認出在前世殺害自己的兇手。

邦克奇・布洛姆辛於一九六二年二月十二日，在泰國的東加村出生。到了會說話的二歲左右，邦克奇開始提起有關前世的事情。根據他的說法，他原本叫做查姆拉特，出生於距東村只有九公里遠的法塔隆村。此外，他還說出一些非常細節的部分，如父母的姓名、家中有兩頭牛、刀子和腳踏車等。至於他自己，則是在法塔隆村舉行村祭當天，遭兩名男子殺害。

當時那兩名男子在他身上刺了好幾刀，搶走他身上的手錶和金飾，然後把他的屍體丟在原野中逃之夭夭了。

根據邦克奇的說法，查姆拉特遇害之後，曾在現場附近的竹林徘徊七年，直到有一天現在的父親經過，他才跟著他回家，進入剛懷孕不久的現世母親的肚子裡。

從青年時代被殺的查姆拉特到剛會說話的邦克奇，中間的時間長達一〇年以上，而且邦克奇的父母也從未向他提起過這件事情，那麼他又是怎麼知道的呢？這正是整個故事當中最吸引人的地方。

查姆拉特的家人輾轉得知邦克奇所說的內容後，特地來到東加村進行求證，結果發現他對前世的描述與事實完全相符。

警方也根據邦克奇的證詞，全力追緝當年殺害查姆拉特的兇手。

結果，兩名兇手之一畏罪潛逃，另一人則證據不足而獲釋。儘管兇手未被繩之於法，但是邦克奇對於案件的描述，卻與警方的調查內容大致吻合。

像這樣的例子還有很多。這種「孩童前世記憶現象」，顯示靈魂於死後脫離肉體，再進入胎兒肉體的再生轉生確實存在。

●任何人都能脫離肉體

暗示靈魂存在的現象之一，就是「脫離肉體」。所謂的脫離肉體，也稱爲「幽體脫離」。脫離肉體與先前的臨死體驗無關，即使是處於正常健康狀態下的人，也可能出現靈魂（幽體）脫離肉體的現象。

屬於臨死體驗要素之一的「肉體脫離體驗」，是在臨死體驗中引起的「肉體脫離」。肉體脫離並非罕見現象，一般人發生這種現象的機率相當高。有時在睡覺時就可能發生這種情形。此外，藉由瞑想等訓練，任何人都能具備這種超能力。

經常發生肉體脫離現象的人，包括日本知名插圖畫家橫尾忠則，以及宮澤賢治、超能力者三田光一、但丁、瑞典堡、精神分析學家雨果等人。

美國實業家洛巴特．門羅在其所寫的『幽體脫離之旅』一書中，坦承他曾有過數百次肉體脫離的經驗。以下就爲各位介紹門羅的肉體脫離。

門羅第一次體驗肉體脫離，是在一九五八年他四十二歲的時候。

有一天晚上他很晚才睡，結果在似睡非睡之際，他突然感覺全身振動，接著便發現自己飄到了天花板上。

他往下一看，赫然發現自己的肉體正和妻子睡在床上。門羅大吃一驚，慌忙回到自己的身體。

有過這次體驗後，門羅逐漸能夠憑意志進行肉體脱離，同時綜合多次體驗加以分析。結果發現，由肉體脱出的「第二體」，能夠如橡膠般拉長或自由穿過牆壁及各種物體。此外，第二體雖較輕卻仍具有重量，與肉體之間以繩索糾纏在一起。

當用第二體穿過帶有五萬伏特電流的鐵絲網時，門羅發現自己彷彿陷入陷阱中似地無法動彈。根據這個現象，門羅認爲第二體與電磁氣具有某種關連。

門羅另外又舉了一個發生在自己身上的肉體脱離實例。

在一個星期六的下午，門羅再度發生肉體脱離，並利用第二體去拜訪一位正在休假的女性朋友。當時，這名女性朋友正和另外兩名年輕女子邊喝飲料邊聊天。門羅靠近三人，想要和她們説話、引起她們的注意，不料三人卻渾然不覺。於是，門羅伸手捏了一下朋友的脇腹。

「哎呀，好痛啊！」看到朋友尖聲大叫以後，門羅這才心滿意足地回到自己的身體。

到了隔週的星期二，門羅問這位剛銷假上班的女同事，上禮拜六的下午她做些什麼，她的回答與門羅透過第二體所看到的情形完全一致。此外，那名女性還表示，當時她突然覺得脇腹被人捏了一下，事後檢查果然發現一處鮮明的淤痕。

如今，門羅致力於以科學方式研究肉體脱離，並設立「門羅應用科學研究所」進行研究。

瑞典堡首次自由脱離肉體，並前往死後世界，是在五十六歲那年。當時他正在倫敦某家

●看見死後世界的瑞典堡

身爲瑞典貴族的瑞典堡（一六八八～一七七二年），是一位科學家、數學家、哲學家兼神學家，不但能有自由進行肉體脱離，還曾多次看見死後世界。

約三十年來一直往返於死後世界的瑞典堡。他在五六歲時出現肉體脱離現象。

瑞典堡首次自由脱離肉體，並前往死後世界，是五十六歲那年。當時他正在倫敦某家餐廳用餐，突然有來自靈界的人出現，並對他說：

「我來帶你看看人死後的世界，也就是靈的世界，希望你把在另一個世界的見聞，以及和其它靈魂交會的情形記錄下來，告訴這個世界的人。」

在接下來的近三〇年內，瑞典堡將往返死後世界（靈界）的經歷，寫成『天國與地獄』『靈界日記』『天國秘

儀』等與靈界有關的作品。日本的今村光一將其文章收在一起，編成『來自靈界的手記　正編・續編』一書。

基本上，瑞典堡藉由肉體脫離前往死後世界的情形，與肉體仍是活的，只是進行肉體脫離這種一般方法並不相同。

據他自己表示，當時的情形是：「正在脫離肉體的我，看起來已經喪失意識、心臟和脈搏均告停止，和死亡狀態沒有兩樣。」事實上，這似乎比較接近臨死體驗的狀況。對此，瑞典堡稱之爲「死亡技術」。

先前所介紹的臨死體驗，是在前往死後世界時中途折返的體驗。至於瑞典堡則是藉著肉體脫離進入臨死狀態，並且真的進入死後世界見聞一切，然後才又回到肉體。

根據瑞典堡的說法，通往死後世界之旅，是由「死」開始。

「從靈的立場，靈界的觀點來看，死只不過是住在肉體中的靈，或者是住在肉體中，把肉體當作在這世上的一種工具的靈，停止使用肉體或喪失支配肉體的力量而已。在那之後，靈會前往靈界，換句話說，死對靈而言，只不過是前往靈界的旅行而已。」

瑞典堡認爲，人死後會有「引導靈」出現。引導靈首先把人帶到一般稱爲幽界的「精靈界」去，在此爲接下來要去的「靈界」或「地獄界」預作準備。由於精靈界的狀況與物質世界幾乎完全一樣，因此，很多來到精靈界的人，會誤以爲自己仍在人世。總之，精靈界的目的，是要使人具備「自己已經真正從物質世界死去」的意識。

那麼，什麼樣的人會到地獄界去呢？在物質界裡拼命追求物慾、色慾、名譽，來到死後世界後靈世界仍未覺醒的人，通常會如自己所希望的到地獄界去。

來到精靈界後領悟到自己已死，靈意識覺醒的靈，則能夠到「靈界」去。靈界大致可分「上」「中」「下」三個世界，會因靈格高低而前往不同的世界。

綜合瑞典堡的説明，可知死後的世界，是由精靈界、靈界、地獄界這三個世界所構成的。

另外，在靈界還有稱爲「靈界太陽」的能源泉源。這個能源，是以上靈界↓中靈界↓下靈界↓地獄界的順序流出。愈到上層世界，靈能源的流出愈强。生存於人間界的人們，如果想要吸收這種强力能源，則首先必須敞開靈的心窗。要言之，活著時靈格愈高，到了靈界就能往較高的世界去。

瑞典堡還説，物質世界並非宇宙的一切，另外還有肉眼看不到的本質世界存在。

「靈界和我們所在的世界，其實是同一世界。就好像一枚硬幣有表裡兩面一樣，靈界與人世只不過是包含這兩者在內的一個大世界裏兩個不同的部分罷了。」

瑞典堡在死後世界裡所看到的靈界狀況，與其它超能力者所傳達的情報一致，由此可證明其真實性。

經由本章的說明，相信各位都已明白，人類除了肉體以外，還有靈魂這種肉體看不到的第二體存在。

換言之，人類是由肉體和作爲本體的靈魂所組成的雙重構造。

由於靈魂無法用科學方式檢知，因此科學無法完全證明其存在。但是，藉由收集大量臨死體驗例、轉世現象及透過超能力者的力量進行肉體脫離的例子加以研究，所得的結果應該足以證明其存在才對。

第 7 章

宇宙為雙重構造

在物質世界與精神世界兩者之中，
多次元世界為本質世界、
物質世界則為從屬存在。

●物質世界與多次元世界——宇宙為二者所組成的雙重構造

現今地球文明之所以水準較低、陷入瓶頸當中，原因在於地球人不知道「真正的宇宙構造」。

一旦知道真正的宇宙構造，就知道可以從空間中取得宇宙能源，結果也就不會引起能源問題了。此外，只要瞭解宇宙構造，人類就能採取正確的生活方式，結果當然不會有環境問題、核子問題或愛滋病問題。

那麼，地球人所不知道的「真正的宇宙構造」，究竟是什麼樣的構造呢？

關於這一點，凡是看過拙作的人，應該都已經非常清楚才對。

本書之所以再次說明「真正的宇宙構造」，是因爲瞭解這個情報，才是打破當今地球文明僵局的根本對策，同時也是因爲它是今後每個地球人都必須當成「常識」的「重要知識」。

因此，本章將簡單地爲各位介紹一下「真正的宇宙構造」。

當今的地球人認爲，宇宙就是由太陽系、銀河系、銀河團、星雲等所構成的物質性星的世界。但是由本書的說明，各位也知道這些並不代表宇宙的一切。宇宙除了肉眼看得到的物質世界以外，還有肉眼看不到的非物質世界存在。正如先前所說的，我將此非物質世界稱爲

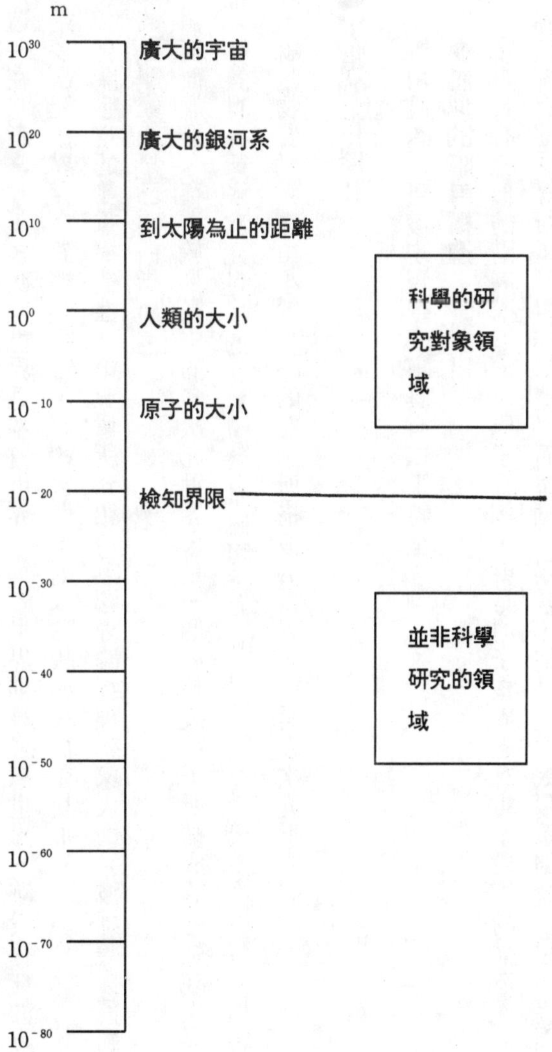
m
10^{30}
廣大的宇宙
10^{20}
廣大的銀河系
10^{10}
到太陽為止的距離
10^{0}
人類的大小
10^{-10}
原子的大小
10^{-20}
檢知界限
10^{-30}
10^{-40}
10^{-50}
10^{-60}
10^{-70}
10^{-80}
科學的研究對象領域
並非科學研究的領域

「多次元世界」。那是因爲，這個世界並非單一世界，而是由許多世界（次元）所構成的。

物質世界與多次元世界重複存在。換言之，宇宙是物質世界多次元世界重複存在的雙重構造。在二者當中，多次元世界爲本質世界，物質世界則爲從屬世界。關於存在的方式，首先是多次元世界存在於整個宇宙，而物質世界則以點狀形式存在其中。

有關宇宙的雙重構造性，第五章所介紹的英國理論物理學家大衛・波姆等提倡新科學運動的科學家，早已明白指出。

前面說過，存在於真空中的多次元世界，是一個由超微粒子所構成的超微觀世界。

物質世界與多次元世界的交界，據推論可能是10^{-20}cm。由比10^{-20}cm更大的粒子所構成的世界，就是物質世界；由小於10^{-20}cm的粒子所構成的世界，就是多次元世界。

●宇宙的實像!!

經由調查，可發現現今宇宙具有以下特徵：

◆相似的階層構造

宇宙具有相似的階層構造。以原子爲例，就是原子核周圍有電子環繞的構造。太陽系是太陽周圍有地球等行星環繞的構造；而整個太陽系，則是幾個太陽系環繞上位太陽周圍的構造。較大者爲銀河系，幾個銀河系聚集起來則形成銀河團。

原子→太陽系→……銀河系→銀河團→……超銀河團→……→宇宙

由此可知，宇宙具有相似的階層構造。

而根據推測，多次元世界應該也存在著這種相似的階層構造。

◆漩渦與螺旋構造

除了構成物質的原子本身會漩轉以外，構成原子的電子、陽子、中子也會旋轉。和地球有自轉、公轉等旋轉運動一樣，太陽也會旋轉。整個太陽系不但會旋轉，同時會進行螺旋旋轉。

在星雲照片中，可以清楚地看見漩渦。而整個宇宙，也會進行螺旋旋轉運動。螺旋的特徵，與遺傳因子的螺旋構造類似。

由此可知，漩渦與螺旋運動，是宇宙的一大特徵。

同樣地，我認爲這個特徵也存在於多次元世界中。

◆構造材料的單純性

物質世界裡的物質，全部是由原子所構成，而原子則是由同一電子、陽子、中子所構成。換言之，物質世界的物質，是由極單純的素粒子所構成的。

正如第一章所說的，電子、陽子、中子是由多次元世界的宇宙能源這種超微粒子所構成。由此可知，物質世界的物質，全都是由宇宙能源的超微粒子等非常簡單的材料所構成。

◆陰陽成對的構造

宇宙的一切物質，都是以陰陽成對的方式存在著。這個成對構造，乃是宇宙的特徵之一。例如，物質世界與非物質世界、陰極與陽極、男與女、磁石的相吸與相斥、求心力與遠心力、黑與白、水與火、寒與暖等等。

◆七的周期性

宇宙大多以七爲一周期。當然，這不單只是七而已，有時也會以七〇、七〇〇、七〇〇〇萬形式出現。例如，一週有七天、一音階有七個音所構成、太陽光線由七色虹所形成。在氣象方面，有七〇年、七〇〇年周期說；至於地球的歷史，據說也是每七〇〇〇萬年就會產生變化。

由此可知，宇宙具有以七的倍數反覆的周期性。

◆人類是小宇宙

人類具有宇宙的相似構造。宇宙爲雙重構造，人類也是雙重構造。和宇宙是由許多星球所構成一樣，人類是由六〇兆個細胞所構成。人類有頭腦，而宇宙也有控制整個宇宙的頭腦存在。

因此，人類可以說是宇宙的小型版本，稱爲「小宇宙」。

正因爲人類具有宇宙的相似構造，所以如果想要瞭解宇宙，只要研究人類即可獲得答案。

現代人大多認爲宇宙始於「大爆炸」，經由不斷膨脹而形成的。果真如此，又稱爲小宇宙的人類，應該也是經由爆炸而誕生、不斷膨脹才對，但事實上並非如此。

●多次元世界是靈生命體存在的世界

那麼，多次元世界是什麼樣的世界呢？以下就爲各位稍作說明。

簡單地說，多次元世界就是「有許多宇宙能源超微粒子，有許多次元、靈生命體存在的世界」。

◆分為許多次元

多次元世界就是死後世界，也就是稱爲靈界的世界。前章介紹的瑞典堡所見到的世界，就是多次元世界。根據瑞典堡的敘述，死後世界並非單一世界，而分爲好幾個世界，這就是次元。

當構成次元的宇宙能源的粒子大小不同，或將宇宙能源當成波動時，振動數會有所不同。基本上，次元愈高的話，粒子愈小、振動數愈高。

多次元世界的次元分爲好幾種，具有各種情報，但目前還無法確定。據我推測，次元很可能是無限大的。

◆靈生命體的存在

多次元世界最的大特徵，就是靈生命體存在。所謂的靈生命體，就是一般人所說的靈魂。

前章曾經介紹過人類靈魂的存在；事實上，除了人類以外，動物、植物也有靈生命體存在。而根據情報證實，部分礦物也有靈生命體存在。

靈生命體的次元各自不同。最低的是礦物靈、其次爲植物靈、動物靈及人類靈魂。比人類靈魂更高次元的存在，稱爲「高級靈」。在終極次元裡，則有神或創造主存在。

提到靈生命體、神或創造主，很多人立刻會聯想到這是宗教或非科學的觀念而產生拒絕反應。但是，正如先前所說明的，人們只是因爲現代科學無法檢知才不承認其存在。如果想要研究宇宙構造，就必須相信其存在，而且是必然的存在。

現在的地球，精神文明十分落後，其主要原因，就在於地球人並未察覺到靈生命體的存在，亦即靈性並未覺醒。由這意義來看，地球人實在應該儘早察覺靈生命體的存在才對。

◆由宇宙能源構成的世界

多次元世界是由宇宙能源超微粒子所構成的世界。這個宇宙能源並非只有一種粒子，而是由相似的階層構造，而形成大小不同的複數粒子。

亦即在終極次元，存在終極粒子，這是陰與陽的基本粒子，集合這個基本粒子，構成階層構造，成爲多次元世界各次元的基本粒子。同時，也推測各次元的基本粒子，亦即以陰陽成對的方式存在。

如前所述，陰陽的終極粒子就是「單極磁氣粒子」。換句話說，宇宙的一切物質皆由磁氣粒子所構成。

這個磁氣粒子的磁氣性，是由終極粒子的漩渦運動而發生，推測陰與陽則是朝左或朝右的旋轉方向不同所致。

另外，根據各種情報顯示，終極粒子大小約為10^{-80}㎝。

●人類是由肉體與四重構造的靈魂所形成

前章曾經說明，人類是由肉體及靈魂這種多次元世界的靈生命體所組成的雙重構造。人類則是以靈魂為本體，而肉體並非本體，只是一層「外衣」罷了。

人類＝肉體＋靈魂

靈魂不是單純的構造，乃具有四重構造。

這四重構造，從波動較低者開始，依序為乙太體、幽體、靈體、神體這四體。乙太體是具有使肉體與其它靈魂體附著的半物質。而推測幽體或靈體則是由多次元世界低次元的超微粒子所構成。人形即由這些所構成。

另外，神體是靈魂的本質體，稱爲魂。這個神體是終極次元生命體的一部分。亦即人類任誰都有神寄宿其間。神體並不具有人形，乃是光球。

●轉世的構造

人死之後，靈魂離體，暫時徘徊於現界，浮遊於肉體的上空，由上俯視自己的肉體。如果靈魂由此狀況再回到肉體，復甦之後，訴說當時的見聞，則這即是所謂的臨死體驗。

完全死亡之後，靈魂則到達多次元世界的幽界（四次元世界）或靈界（五次元世界）。在多次元世界過了一段時間之後，靈魂會自動挑選適合自己的胎兒，投入其中，再度轉世爲人類。以地球人而言，出生之後，前世的記憶一掃而空。

如果前世的記憶尚未消失，在孩提時代能夠記住前世的體驗，則這就是前章所提及的兒童的前世記憶。

轉世是基於宇宙法則而進行的。

由此可知，人死之後，並非一切就結束，人類的本體，亦即靈魂會重複再生，生生不息。

●「宇宙真理」與「宇宙法則」是存在的

宇宙存在著「宇宙真理」或「宇宙法則」。人類原本要遵守這些真理或法則而生存，但是地球人卻不知其存在。地球人的精神性較低，就是因爲不知這些存在而任意生存所致。

那麼，到底宇宙的真理是什麼呢？

其一即爲「愛」。這個「愛」，是利他愛，是犧牲自己，給予他人或萬物的愛，並非滿足自己慾望的愛。

另外一種即是「調和」。要與萬物調和而生。人類是自然的一部分，當然必須要與自然調和而生。不可污染自然、破壞自然。在人類社會中，調和生存乃是重大之事。

關於宇宙方面，我認爲這個「愛」與「調和」，才是宇宙的真理。

那麼，宇宙法則又是什麼呢？

這是適用於宇宙營運的法則。雖然缺少情報，詳情不得而知，不過，例如「轉世的法則」或「因果的法則」等皆是。內容到底爲何呢？爲各位介紹『秘教真義』中的說明。

「轉世法則」……轉世的不變法則，是爲了給予所有人類（魂）平等的機會、經驗與進步而創造出來的。對於比人更高階段的進步發展而言，在尚未到達不需要人類有限物質界的經驗的階段之前，需要持續轉世。

「因果法則」……先前創造出來的原因成爲結果而展現出來。現在所展現出來的因果全都存在著。在我們人生一切的瞬間，都是造成我們無可避免的結果的原因。對此實現的結果所表現的態度或處置方式，則成爲接下來新結果的原因。

由此可知，宇宙存在著宇宙真理或宇宙法則，人類必須充分了解到這一點，依循這些真理與法則而生存。

●萬物皆有宇宙進化系統

人類的本體是靈魂，同時具有靈魂寄宿於肉體的構造，爲何靈魂不斷地轉世呢？

此乃由於靈魂是爲了提高靈格而創造出來的系統。物質世界變化極多，是爲了提昇人性而創造出來的場所。所以物質世界就等於是教育場所，是學校。

這個系統，不僅存在於人類，動物、植物、礦物的靈生命體亦然。開始於植物時，則以植物靈的方式數度轉世，再進化爲動物靈，繼而進化爲人類的靈魂。開始於礦物靈時，則是礦物靈→植物靈→動物靈→人類的靈魂，必須花冗長的歲月（數億~十億年）進行靈的進化。

在整個宇宙中，人類只不過還在進化系統的中途而已。

那麼，要如何才能夠進行靈的進化，亦即才能夠提昇靈格呢？當然，要了解宇宙的真理與宇宙的法則，並加以遵守。

●統制宇宙的存在……「神」

宇宙從微觀世界到宏觀世界為止，具有相似的階層構造，而且是由單一材料製造出來的。

宇宙的真理與宇宙的法則都是存在的，同時，也存在靈生命體的進化系統。而每個人的生活方式，必須適用於宇宙法則。宇宙就好像是一個巨大的電腦，與每個人的終端機相連。

在宇宙中，有統制整個宇宙的東西存在。那就是創造宇宙、製造宇宙真理與宇宙構造、大量創造堪稱自己化身的靈生命體，並創設靈進化的進化系統的「神」或「創造主」。

要調查宇宙構造，必然要先承認其存在。

既然宇宙是由巨大的電腦所控制，那麼就要在瞬間傳達情報。要達成此目的，當然要有較光速更快速的波之存在。日本精細科學會的關英男博士將此波命名為「念波」。

●利用宇宙能源開發超能力！

靈魂是由宇宙能源所構成的，既然是生命體，就能夠吸收微小的宇宙能源做為能量，才能夠持續生存，這個能源的出入口稱為「查克拉」，而能源的流通回路稱為「經絡」。

人類主要有七個「查克拉」。

地球人的靈性較低，大多數人的查克拉並未開發。但是，超能力者的查克拉卻已經開發了。亦即只要開發查克拉，就能夠展現各種超能力。任何人都具有肉體與靈魂的構造，任何人都能夠成爲超能力者。

那麼，應該如何實行呢?只要身體不斷地吸收宇宙能源即可。利用緩慢呼吸法，能夠吸收宇宙能源。然而，採用瞑想等方法，更具效果。

氣功或瑜伽也是好方法。氣功與瑜伽雖然方法不同，但重點皆在於呼吸法，能將「氣」或稱爲「普拉那」的宇宙能源吸收到體內，是開發「查克拉」的一種技術。

第三章所介紹的各種宇宙能源商品，可以做爲輔助手段來使用，具有卓效。

●利用宇宙能源轉運的構造

每個人除了自己的靈魂之外，尚有守護靈存在。地球人因爲靈性較低，故必須要有守護靈這種保護者的跟隨，指導自己的人生。據說守護靈是數代前靈格較高的祖先靈。

靈格較高者，由靈格更高的高級靈守護，這就是守護神。像一些出人頭地者或名人，幾乎都有守護神伴隨在身邊。

個人的命運，掌握在守護神或守護靈的手中。使自己擁有良好的生活方式，提昇靈格，或利用宇宙能源開發查克拉，提昇靈格，到此階段，會有更高的守護靈交替進行守護。同時，有很多的守護神會跟隨在旁守護自己。這即是利用宇宙能源轉運的構造。

我聽過很多的利用宇宙能源使運勢好轉的例子。

●利用宇宙能源創造健康體的構造

再重複説明一次，人類是由肉體與靈魂所組成的雙重構造。肉體與靈魂都是生命體，因此，要擁有健康的人類，就得擁有健康的肉體與靈魂。

健康靈魂，是指通過查克拉與經絡的宇宙能源能正常地流通於靈魂體。關於此，與「新科學」的物理學家的主張大致相同。

此外，靈魂有七個主要的查克拉，這些都與肉體的各分泌線直接連結。靈魂體異常，就會造成肉體的疾病。

現在，癌症、愛滋病、精神病、高血壓、心臟病、過敏等患者比比皆是，這些疾病的原因，多半是食物中所含的農藥、添加物等化學物質所造成的。這些化學物質蓄積於體內，造成身體能源的平衡失調，能源流通不良而造成疾病。其結果，就會引起癌症、高血壓或過敏等疾病。

另外，靈障也是原因之一。靈障，乍聽之下，宗教意味濃厚，但在此可視爲是靈體能源流通不良的現象。

總之，疾病大都是肉體或靈體的能源平衡失調或能源流通不暢所致。

因此，要成爲健康體，就要恢復能源的平衡，或恢復能源的正常流通。

宇宙能源具有使身體的能源平衡或能源流通恢復正常的作用。因此，當體內大量吸入宇宙能源時，自然就能夠成爲健康體。若是健康的人，就會變得更爲健康。

●多次元世界的影響顯現於物質世界

物質世界與多次元世界是重疊的。因此，物質世界也處處受到多次元世界的影響。現代科學法說明的現象，幾乎都是與多次元世界有關。

例如，本書中所提及的「出力大於入力的發電機」、「反重力裝置」、「萬有引力的原理』「物質的終極」、「原子中電子的永久運動」、「生物體內原子轉換」、「常溫核融合」、「高溫超電導」、「常溫域遠紅外線陶磁的效果」，這些現象皆與宇宙能源有關。

另外，「溫泉的醫療效果」「漢方藥」、「森林浴」、「各地的名水」、「天然鹽」、「鰻魚或鱉」、「水晶」、「電氣石」等，也是能夠大量蓄積、放射多次元世界的宇宙能源的方法，這在前面曾經說明過。

此外，尚有各種超能力，各種神靈現象，以及本書所說的擺錘測定法或O環測試等。都是與多次元世界靈生命體有關的現象。

由此可知，在物質世界中，與多次元世界有關的現象非常的多。

●宇宙能源是二十一世紀的超能源

最後，爲各位整理說明宇宙能源到底是什麼樣的能源。

- 是多次元世界的能源，無窮盡地存在於我們周圍的空間。
- 大約是爲10^{-20}cm以下的超微粒子（或是超高振動數的波動）。因次元的不同，大小也有所差異。
- 終極次元的終極粒了，是大小約爲10^{-80}cm的單極磁氣粒子，以陰陽成對的方式存在。各次元的粒子，爲終極次元的複合體。
- 是構成電子、陽子、中子的粒子。亦即物質皆由宇宙能源所構成。
- 構成多次元世界的靈生命體。
- 大量集合能夠成爲電。亦即可從空間取得電。
- 製造出永久磁石的磁氣能源。
- 利用萬有引力的能源製造反重力。
- 引起生物體內原子轉換、常溫核融合、高溫超電導等現象。

- 對於治病、促進成長、維持鮮度、淨化水的活性，提昇燃料消費率等具有效果。
- 能發現超能力。扭轉運勢。
- 宇宙能源中存在較光速更爲快速的粒子。
- 熵是負能量。

第 8 章

一九九 X 年
人類開始大變革

避開「世紀末大毀滅」
迎向「宇宙文明世界」的步驟
始於「能源革命」!!

●了解地球文明陷入瓶頸的狀態之因

宇宙中除了我們生活的物質世界以外，還存在著我們肉眼看不見的多次元世界這種本質世界，這是各位都能了解的。

地球人並未察覺到宇宙的本質世界，亦即『多次元世界』的存在。因爲沒有察覺到多次元世界的存在，故未察覺到宇宙能源的存在，也不知道可以從空間無窮盡地取出理想的能源，因而產生能源問題。

同時，因爲未察覺多次元世界的存在，所以沒有察覺到靈生命體的存在，也不知道宇宙真理和宇宙法則的存在，不了解人類正確的生活方式，而引起環境問題。

由此可知，現在地球文明的瓶頸，即是由於地球文明落後所致；而地球文明落後之因，則在於地球人不知道多次元世界的存在。

地球人不知道宇宙本質多次元世界的存在，我認爲責任在於現代科學。現代科學本身沒有察覺到多次元世界的存在，是無視於多次元世界存在的缺陷科學。

既然是無視於多次元世界存在的科學，因此，當然不承認出力較入力更大的宇宙能源發電機，甚至視靈魂爲宗教問題，而將其排除於研究對象之外。

現代科學是無視於多次元世界存在的缺陷科學，其原因就在於迪卡兒將自然分爲精神與物質，限定科學研究對象僅止於物質而已。但是更糟糕的是，雖然具有現代科學最高的檢知手段，然卻無法檢知多次元世界。因爲無法檢知，故無法進行研究。

●科學必須認知靈魂的存在

如果對於科學認知靈魂或靈生命體的存在依然有所抵抗，或認爲利用宇宙能源解決能源問題與是否承認靈魂的存在無關，則我必須說明認知的必要性。

如果科學能夠察覺到存在於我們四周空間無窮盡的「宇宙能源」而加以利用，那麼，現在嚴重的能源危機，也能找到解決方向了。同時，起因於能源問題的環境污染問題，也能夠迎刃而解了。

但是，並非因此就能夠解決一切。

現在地球不僅是科學文明，連精神文明也十分低落。換言之，地球人的人性較低。精神文明低，就難以了解宇宙的構造，不知道靈魂的存在，不知道人類正確的生存方式。因此，地球人的靈性並未覺醒。

提高地球人的人性，提高精神文明，就必須知道靈魂的存在，知道宇宙中人類正確的生活方式。

基於這些理由，科學必須儘早認知靈魂的存在。

如果地球人的靈性無法覺醒，就無法順利地利用宇宙能源。因爲宇宙能源是多次元世界的能源。

●宇宙科學是二十一世紀的科學

由此可知，要打破瓶頸狀態的地球文明的僵局，就必須要改變地球的科學。如果不改變科學，就無法改變文明。

那麼，應該如何改變現代科學呢？

顯而易見的，現代科學是只研究物質世界的「物質科學」。因此，必須要創始研究多次元世界的「多次元科學」，統合兩者，形成新科學。要拓展研究對象的領域。

而這個物質科學與多次元科學合成的新科學的名稱，採用宇宙科學的稱呼比較恰當。不過，雖說是宇宙科學，卻不像現在研究的狹義的宇宙科學，而是研究構成宇宙的多次元世界與物質世界的科學。

宇宙科學＝多次元科學＋物質科學

●「宇宙能源發電機」改變現代科學

根據過去歷史的教訓，我們可以發現要改變現代科學並不是容易的事情，一般科學家相信「現代科學的示範是絕對正確的」，所以不願意改變自己所研究的科學的示範。

那麼應該要如何加以改變呢？

要加以改變，需要「關鍵」。我相信只要存在某種大的關鍵，就能夠開始改變科學。

這個關鍵，可能就是「宇宙能源發電機」的公開實驗。

我想，如果能在科學家參與盛會中，透過電視轉播公開實驗第一章清家新一的「同時產生反重力的宇宙能源發電機」，相信也許能以此爲關鍵而開始改變科學吧！

當出現不需要電源，利用簡單裝置就能產生電、裝置的重量減輕等現象時，參與公開實驗的科學家，當然無法以目前的科學來說明這些現象。

如此就不得不承認能夠從空間取得能源的事實，並且必須承認真空的空間充滿能源，加以取出，即可當成電來利用。

以此爲關鍵，就會開始宇宙能源發電機的開發競爭，在宇宙能源研究進步的同時，就能夠察覺到多次元世界的存在，繼而能夠改變科學。

●本書科學的具體方法

本書是以改變科學爲目的而寫成的書，以下爲各位說明改變科學的具體方法。

本書所提出的改變，是要進行地球規模的重大改變。一旦實現，堪稱是自從有人類歷史以來最大的改變。

科學家們各自進行改變，不但耗時，而且成果不佳，必須要以國家或學界的規模，製作大型計劃來推進。畢竟這是具有製作大型計劃而加以推展的價值。

應該做的，就是製作檢證本書內容的計劃，此計劃的進行方式如下。

- 調查果真能夠從空間取得電。
- 調查反重力裝置果真能夠發生反重力。
- 調查永久磁石果真能夠取出能源。
- 調查在大量宇宙能源存在下果真會引起核融合。
- 調查在宇宙能源的作用下果真會產生高溫超電導。
- 調查果真能夠利用宇宙能源治病。

如果能夠逐一地確認，則再製作如下的各計劃進行研究。以下的計劃，是爲了創造一個利用宇宙能源社會而訂定的計劃。

◆宇宙能源測定器的開發

進行和宇宙能源有關的研究開發時，需要能夠客觀地測定宇宙能源強度的宇宙能源測定器。所以，首先要開發宇宙能源測定器。

◆宇宙能源的研究

進行宇宙能源的研究，同時，進行宇宙能源大量發生裝置的開發。

◆宇宙能源發電機的研究

要製作完成以往所開發的各種宇宙能源發電機，檢討是否真能達到超出入力以上的出力，同時，開發效率良好的發電機。

◆宇宙能源存在下的常溫核融合研究

在大量存在宇宙能源之下，進行常溫核融合的研究。主題是製作各個原子的技術開發，以及控制反應的技術開發。

◆高溫超電導材料的開發

一旦確認高溫超電導是與宇宙有關的現象，則主要開發能夠強力放射宇宙能源的材料即可。由此觀點來看，要開發高臨界溫度、常溫時可以使用、強度持久耐用的高溫超電導材料。

◆多極弧光技術的實用化研究

多極弧光技術是宇宙能源大量發生裝置，同時，能有效地處理廢棄物、進行新規材料的開發、水處理等。因此，要開發使其實用化的技術。

◆以水為燃料的汽車開發

本書曾經提及，只要吸收宇宙能源，則可利用些許能源分解水的技術，以此爲能源來開發汽車。

◆反重力裝置的開發

將來的交通工具會利用反重力裝置，亦即所謂的飛碟。清家新一已經開發出基礎技術，只要加以發展即可。

◆靈魂（靈生命體）的存在檢證

地球人的精神文明落後，如前面所說明的，即是因爲不相信靈魂的存在。因此，要利用科學方法實際檢證。科學需要「公式化認知靈魂存在」的作業。以此目的檢證靈魂的存在。

◆導入醫學檢證宇宙能源的治療效果

宇宙能源具有治療效果。如果醫學能夠確認這一點，則今後就要檢討該如何將其導入醫療中未加以利用。

◆宇宙能源的農業的檢討

現在的農業是大量使用農藥與化學肥料的農業。其結果，殘留農藥造成病人增加，特應性疾病患者與日俱增，腐蝕國民的健康。如果能夠產生宇宙能源農業，則不需要農藥，只要些許的肥料，就能於短期間内培育出「美味、收穫量多、充滿宇宙能源」的穀物或蔬菜。

◆使用宇宙能源淨化水

目前，各地自來水的水質低劣。可以使用宇宙能源予以淨化。水的惡化，會大大地腐蝕國民的健康。

◆使用宇宙能源而減少洗劑的研究

洗劑是污染湖沼與河川的原因。在洗濯衣物時，最好使用宇宙能源，減少洗劑的使用，指導國民實行此方法。

如果能夠循序漸進的進行如上的計劃，則能夠在早期實現將宇宙能源利用於生活各範疇，同時，也能夠解決能源問題或環境問題，並且同時改變科學，促使每個人的靈性覺醒，引起意識改革。

●如何改變今後的科學

今後將會造成科學的改變，促使每個人的靈性覺醒，意識改革之後，我們預測科學的各範圍會產生如下的變化：

◆物理學……物理學是科學根幹的學問。最大變化即會出現在這個範圍。在察覺到多次元世界存在以後，就會開始進行多次元科學的研究。也會研究多次元世界的研究手法。在開始進行宇宙能源的研究時，也會研究宇宙能源與物質世界現象有何關連。同時，也在科學中納入「意識」與「靈的生命體」來進行研究。

◆**化學**……在宇宙能源存在下，能夠輕易地進行原子轉換，因此，也能夠在化學領域進行核反應的研究，並進行製造任意原子的技術開發。同時，了解觸媒也是與宇宙能源有關的現象，且研究宇宙能源與化學反應的關連性。可以詳細研究宇宙能源與水的關係。

◆**生物**……詳細研究生物與宇宙能源的關係。確認會在生物體內會引起原子轉換。了解動植物也存在著靈生命體，進行這方面的研究。使用宇宙能源，進行材料的開發。

◆**農學**……宇宙能源利用於農業方面的研究不斷地進步。

◆**醫學**……認識人類靈魂的存在以後，就可以研究疾病與靈魂的關係。同時，可以利用宇宙能源治病。藥物的使用，則以漢方藥爲主。知道現在部分醫學（西方醫學）的缺陷，重視整體醫學（東方醫學）。不會再形成藥罐子醫療。

◆**超心理學**……研究靈魂、多次元世界、超能力、超常現象的超心理學，是重要的學問。同時，也可以在物理範疇內進行研究。

◆**電氣、電子工學**……要進行宇宙能源發電機的研究，與常溫超電導材料的開發等。

◆**天文學**……重新評估考慮宇宙能源與多次元世界存在的天文學的價值。一旦了解能夠輕易造成常溫融合時，就必須再檢討太陽能發生的構造。

同時，也要研究鄰近的行星(因爲真相被隱瞞)。

◆**熱核融合的研究**……目前，開發21世紀能源的諸國，都投下龐大的開發費用，進行熱核融合的研究開發。如本書中所說明的，代替石油或原子力的能源，就是宇宙能源，宇宙能源發電機也陸續在開發之中。這種發電機的普及，只是時間上的問題而已。以某種意義而言，早晚都會停止熱核融合的研究。

●如何得到多次元世界的情報

今後，科學會引起大改變，而研究超微觀的多次元世界。但，因爲以往一直未察覺到這個世界的存在，故昔日的方法有一定的界限，難以得到多次元世界的情報。

那麼，應該要怎麼做才好呢？

要得到多次元世界的情報，要借助超能力，或由具有比地球人更進步數千年、數萬年科學技術的「進化人」那兒得到。所謂的「進化人」，即指外星人。

前面已經介紹過清家新一或巴西爾邦迪巴格以與金星人接觸的喬治亞當姆斯的情報爲基

礎，而開發了反重力裝置或宇宙能源發電機。但，並非能隨時如願地與其接觸，隨時從外星人那兒得到情報。

因此，只能利用超能力的方法。以超能力得到多次元世界的情報。

根據法國渥爾克夫斯基的説法，超能力者能夠透視原子的內部構造。事實上，他利用超能力者而能夠正確地計測Sn、I、S、Pb等核周圍的電子數。

另外，像瑞典堡就不是採透視的方法，而讓自己的靈魂脱離肉體，到多次元世界去得到情報。

總之，使用超能力，就能夠得到多次元世界，亦即超微觀世界的情報。這時，可以借助超能力者，或本身是超能力者亦可。

而要成爲超能力者的方法，在前章已有介紹。

除此之外，利用擺錘測定或O環測試，亦可得到多次元世界的情報。若要提昇這些答案的準確度，則提昇自己的靈格，成爲超能力者，這才是必要的。

所以，今後的科學家爲了得到研究的情報，最好是自己也能夠成爲一名超能力者。

●逃避「世紀末大毀滅」的唯一道路

認識宇宙能源或宇宙能源發電機的存在，開始科學的變革之後，這個世界會產生何種改變呢？

首先會出現「能源革命」。相信不久的將來，宇宙能源發電機就能夠使用於社會。世人勢必會將其當成解決地球能源危機或環境問題的關鍵，深表歡迎。

不過，現在的社會已經成立了以石油或原子力當成能源的系統。因此，宇宙能源的導入，給予能源產業造成極大的打擊。當然，對於能源產業會造成某種程度的混亂，這是無可避免的，但要盡量地找出對策來加以壓制。

其次會出現「意識革命」。宇宙是由物質世界與多次元世界所構成的。人類的本體是靈魂，死後靈魂依然生存；同時，人類是爲了提高靈格（人性）而生存，一旦大多數人的宇宙意識覺醒，就一定會產生意識革命。

如果實現了這一切，就會打破目前陷入瓶頸狀態的地球文明僵局，也能夠避免諾斯特拉達姆斯等多位預言家所預言的「世紀末大毀滅」，相信21世紀就能夠迎向一個偉大燦爛的「宇宙文明世界」。

後記

經由本書的說明，各位就知道宇宙是具有物質世界與多次元世界的雙重構造的世界，然而由於現代科學的檢知手段有限，故無法察覺到多次元世界的存在，成爲忽視宇宙物質世界的多次元世界存在的缺陷科學。

在多次元世界，存在著能夠解決能源危機的宇宙能源這種理想的能源，但是，現代科學卻無法察覺到其存在，不承認宇宙能源。

然而如本書所說明的，美國的學界已經開始展現認知宇宙能源的行動了。例如，在一九九一年的「能源變換工學會議」中，正式進行有關開發宇宙能源發電機的研究發表。

因爲只有部分的美國科學家承認宇宙能源發電機，因此，要想在物理學等學問上廣泛加以認知，還得花一些時間。

在國內，很遺憾的，目前科學學界並未發起任何認知的行動。但是，認知「宇宙能源」或「宇宙能源發電機」的一般人，卻是與日俱增。

在日本，陸續開發有關宇宙能源發電機的實用機，然要普及化，則需要一段時間。當這些裝置出現在世界上時，現在的科學無法說明超出入力以上的出力之發電機原理，因此，需要得到能夠加以說明的理論。屆時，本書將對各位有所助益。

本書也叙述到，使用宇宙能源發電機進入「宇宙能源利用時代」之後，能源問題很自然地就能夠迎刃而解。但不能因此而感到「慶幸」。

地球文明陷入瓶頸的真正原因，是由於地球人的靈性並未覺醒。也就是說，多次元世界存在著一般稱爲靈魂的靈生命體這種肉眼看不到的本質生命體，然地球人並沒有察覺到其存在。若要察覺到其存在，則宇宙意識必須要覺醒。能源問題乃是次要的問題。

説到靈魂，會讓人聯想到「宗教性」、「非科學性」等。而在科學世界中，這種表現更是明顯。科學家認爲「靈魂，是宗教處理的問題，並非該由科學來處理的問題」。因此，科學視靈魂這個字眼爲禁忌。

科學無法承認靈魂的存在，只不過是因爲其與宇宙能源同樣的，都無法以科學的方式加以檢知罷了。

可是，如本書所説明的，對於靈魂的科學研究，在美國已進行臨死體驗的研究或轉世研究等，已經開始認知其存在。在此領域上，我國則望塵莫及。

因此，科學必須要正式認知「靈生命體」的存在，產生意識革命，這對於地球文明的鎮改革而言，是不可或缺的。

另外，如本書所説明的，研究多次元世界時，就會了解到，不僅是宇宙能源發電機的原理，連現代科學無法説明的自然現象，例如，萬有引力的構造，常溫核融合、高溫超電導、超能力、各種靈現象等，全都是與多次元世界的宇宙能源有關的現象。所以，研究多次元世界，就能夠完全了解宇宙的構造。

總之，現代科學是無視於多次元世界存在的缺陷科學，要打開地球文明陷入瓶頸狀態的僵局，就必須要趕緊改變科學。亦即要由現代的物質科學改變爲以多次元世界爲研究對象的科學。希望本書能成爲對各位有所幫助的啓蒙書。

大展出版社有限公司 圖書目錄

地址：台北市北投區11204　　電話：(02) 8236031
致遠一路二段12巷1號　　8236033
郵撥：0166955～1　　傳眞：(02) 8272069

•法律專欄連載•電腦編號58

台大法學院 法律學系／策劃
法律服務社／編著

①別讓您的權利睡著了[1]	200元
②別讓您的權利睡著了[2]	200元

•秘傳占卜系列•電腦編號14

①手相術	淺野八郎著	150元
②人相術	淺野八郎著	150元
③西洋占星術	淺野八郎著	150元
④中國神奇占卜	淺野八郎著	150元
⑤夢判斷	淺野八郎著	150元
⑥前世、來世占卜	淺野八郎著	150元
⑦法國式血型學	淺野八郎著	150元
⑧靈感、符咒學	淺野八郎著	150元
⑨紙牌占卜學	淺野八郎著	150元
⑩ＥＳＰ超能力占卜	淺野八郎著	150元
⑪猶太數的秘術	淺野八郎著	150元
⑫新心理測驗	淺野八郎著	160元

•趣味心理講座•電腦編號15

①性格測驗１	探索男與女	淺野八郎著	140元
②性格測驗２	透視人心奧秘	淺野八郎著	140元
③性格測驗３	發現陌生的自己	淺野八郎著	140元
④性格測驗４	發現你的真面目	淺野八郎著	140元
⑤性格測驗５	讓你們吃驚	淺野八郎著	140元
⑥性格測驗６	洞穿心理盲點	淺野八郎著	140元
⑦性格測驗７	探索對方心理	淺野八郎著	140元
⑧性格測驗８	由吃認識自己	淺野八郎著	140元
⑨性格測驗９	戀愛知多少	淺野八郎著	140元

⑩性格測驗10	由裝扮瞭解人心	淺野八郎著	140元
⑪性格測驗11	敲開內心玄機	淺野八郎著	140元
⑫性格測驗12	透視你的未來	淺野八郎著	140元
⑬血型與你的一生		淺野八郎著	140元
⑭趣味推理遊戲		淺野八郎著	140元

・婦 幼 天 地・電腦編號 16

①八萬人減肥成果	黃靜香譯	150元
②三分鐘減肥體操	楊鴻儒譯	150元
③窈窕淑女美髮秘訣	柯素娥譯	130元
④使妳更迷人	成　玉譯	130元
⑤女性的更年期	官舒妍編譯	160元
⑥胎內育兒法	李玉瓊編譯	150元
⑦早產兒袋鼠式護理	唐岱蘭譯	200元
⑧初次懷孕與生產	婦幼天地編譯組	180元
⑨初次育兒12個月	婦幼天地編譯組	180元
⑩斷乳食與幼兒食	婦幼天地編譯組	180元
⑪培養幼兒能力與性向	婦幼天地編譯組	180元
⑫培養幼兒創造力的玩具與遊戲	婦幼天地編譯組	180元
⑬幼兒的症狀與疾病	婦幼天地編譯組	180元
⑭腿部苗條健美法	婦幼天地編譯組	150元
⑮女性腰痛別忽視	婦幼天地編譯組	150元
⑯舒展身心體操術	李玉瓊編譯	130元
⑰三分鐘臉部體操	趙薇妮著	160元
⑱生動的笑容表情術	趙薇妮著	160元
⑲心曠神怡減肥法	川津祐介著	130元
⑳內衣使妳更美麗	陳玄茹譯	130元
㉑瑜伽美姿美容	黃靜香編著	150元
㉒高雅女性裝扮學	陳珮玲譯	180元
㉓蠶糞肌膚美顏法	坂梨秀子著	160元
㉔認識妳的身體	李玉瓊譯	160元
㉕產後恢復苗條體態	居理安・芙萊喬著	200元
㉖正確護髮美容法	山崎伊久江著	180元

・青 春 天 地・電腦編號 17

①A血型與星座	柯素娥編譯	120元
②B血型與星座	柯素娥編譯	120元
③O血型與星座	柯素娥編譯	120元
④AB血型與星座	柯素娥編譯	120元

⑤青春期性教室	呂貴嵐編譯	130元
⑥事半功倍讀書法	王毅希編譯	150元
⑦難解數學破題	宋釗宜編譯	130元
⑧速算解題技巧	宋釗宜編譯	130元
⑨小論文寫作秘訣	林顯茂編譯	120元
⑪中學生野外遊戲	熊谷康編著	120元
⑫恐怖極短篇	柯素娥編譯	130元
⑬恐怖夜話	小毛驢編譯	130元
⑭恐怖幽默短篇	小毛驢編譯	120元
⑮黑色幽默短篇	小毛驢編譯	120元
⑯靈異怪談	小毛驢編譯	130元
⑰錯覺遊戲	小毛驢編譯	130元
⑱整人遊戲	小毛驢編譯	150元
⑲有趣的超常識	柯素娥編譯	130元
⑳哦！原來如此	林慶旺編譯	130元
㉑趣味競賽100種	劉名揚編譯	120元
㉒數學謎題入門	宋釗宜編譯	150元
㉓數學謎題解析	宋釗宜編譯	150元
㉔透視男女心理	林慶旺編譯	120元
㉕少女情懷的自白	李桂蘭編譯	120元
㉖由兄弟姊妹看命運	李玉瓊編譯	130元
㉗趣味的科學魔術	林慶旺編譯	150元
㉘趣味的心理實驗室	李燕玲編譯	150元
㉙愛與性心理測驗	小毛驢編譯	130元
㉚刑案推理解謎	小毛驢編譯	130元
㉛偵探常識推理	小毛驢編譯	130元
㉜偵探常識解謎	小毛驢編譯	130元
㉝偵探推理遊戲	小毛驢編譯	130元
㉞趣味的超魔術	廖玉山編著	150元
㉟趣味的珍奇發明	柯素娥編著	150元
㊱登山用具與技巧	陳瑞菊編著	150元

•健 康 天 地•電腦編號 18

①壓力的預防與治療	柯素娥編譯	130元
②超科學氣的魔力	柯素娥編譯	130元
③尿療法治病的神奇	中尾良一著	130元
④鐵證如山的尿療法奇蹟	廖玉山譯	120元
⑤一日斷食健康法	葉慈容編譯	120元
⑥胃部強健法	陳炳崑譯	120元
⑦癌症早期檢查法	廖松濤譯	130元

⑧老人痴呆症防止法	柯素娥編譯	130元
⑨松葉汁健康飲料	陳麗芬編譯	130元
⑩揉肚臍健康法	永井秋夫著	150元
⑪過勞死、猝死的預防	卓秀貞編譯	130元
⑫高血壓治療與飲食	藤山順豐著	150元
⑬老人看護指南	柯素娥編譯	150元
⑭美容外科淺談	楊啟宏著	150元
⑮美容外科新境界	楊啟宏著	150元
⑯鹽是天然的醫生	西英司郎著	140元
⑰年輕十歲不是夢	梁瑞麟譯	200元
⑱茶料理治百病	桑野和民著	180元
⑲綠茶治病寶典	桑野和民著	150元
⑳杜仲茶養顏減肥法	西田博著	150元
㉑蜂膠驚人療效	瀨長良三郎著	150元
㉒蜂膠治百病	瀨長良三郎著	150元
㉓醫藥與生活	鄭炳全著	160元
㉔鈣長生寶典	落合敏著	180元
㉕大蒜長生寶典	木下繁太郎著	160元
㉖居家自我健康檢查	石川恭三著	160元
㉗永恒的健康人生	李秀鈴譯	200元
㉘大豆卵磷脂長生寶典	劉雪卿譯	150元
㉙芳香療法	梁艾琳譯	160元
㉚醋長生寶典	柯素娥譯	元

•實用女性學講座•電腦編號 19

①解讀女性內心世界	島田一男著	150元
②塑造成熟的女性	島田一男著	150元
③女性整體裝扮學	黃靜香編著	180元
④職業婦女禮儀	黃靜香編著	180元

•校 園 系 列•電腦編號 20

①讀書集中術	多湖輝著	150元
②應考的訣竅	多湖輝著	150元
③輕鬆讀書贏得聯考	多湖輝著	150元
④讀書記憶秘訣	多湖輝著	150元
⑤視力恢復！超速讀術	江錦雲譯	180元

•實用心理學講座• 電腦編號 21

①拆穿欺騙伎倆	多湖輝著	140元
②創造好構想	多湖輝著	140元
③面對面心理術	多湖輝著	140元
④偽裝心理術	多湖輝著	140元
⑤透視人性弱點	多湖輝著	140元
⑥自我表現術	多湖輝著	150元
⑦不可思議的人性心理	多湖輝著	150元
⑧催眠術入門	多湖輝著	150元
⑨責罵部屬的藝術	多湖輝著	150元
⑩精神力	多湖輝著	150元
⑪厚黑說服術	多湖輝著	150元
⑫集中力	多湖輝著	150元
⑬構想力	多湖輝著	150元
⑭深層心理術	多湖輝著	160元
⑮深層語言術	多湖輝著	160元
⑯深層說服術	多湖輝著	180元
⑰潛在心理術	多湖輝著	160元

•超現實心理講座• 電腦編號 22

①超意識覺醒法	詹蔚芬編譯	130元
②護摩秘法與人生	劉名揚編譯	130元
③秘法！超級仙術入門	陸　明譯	150元
④給地球人的訊息	柯素娥編著	150元
⑤密教的神通力	劉名揚編著	130元
⑥神秘奇妙的世界	平川陽一著	180元
⑦地球文明的超革命	吳秋嬌譯	200元
⑧力量石的秘密	吳秋嬌譯	180元

•養 生 保 健• 電腦編號 23

①醫療養生氣功	黃孝寬著	250元
②中國氣功圖譜	余功保著	230元
③少林醫療氣功精粹	井玉蘭著	250元
④龍形實用氣功	吳大才等著	220元
⑤魚戲增視強身氣功	宮　嬰著	220元
⑥嚴新氣功	前新培金著	250元
⑦道家玄牝氣功	張　章著	180元

⑧仙家秘傳袪病功	李遠國著	160元
⑨少林十大健身功	秦慶豐著	180元
⑩中國自控氣功	張明武著	250元
⑪醫療防癌氣功	黃孝寬著	220元
⑫醫療強身氣功	黃孝寬著	220元
⑬醫療點穴氣功	黃孝寬著	220元

•社會人智囊•電腦編號24

①糾紛談判術	清水增三著	160元
②創造關鍵術	淺野八郎著	150元
③觀人術	淺野八郎著	180元
④應急詭辯術	廖英迪編著	160元
⑤天才家學習術	木原武一著	160元
⑥猫型狗式鑑人術	淺野八郎著	180元
⑦逆轉運掌握術	淺野八郎著	180元

•精 選 系 列•電腦編號25

①毛澤東與鄧小平	渡邊利夫等著	280元
②中國大崩裂		180元

•心 靈 雅 集•電腦編號00

①禪言佛語看人生	松濤弘道著	180元
②禪密教的奧秘	葉逯謙譯	120元
③觀音大法力	田口日勝著	120元
④觀音法力的大功德	田口日勝著	120元
⑤達摩禪106智慧	劉華亭編譯	150元
⑥有趣的佛教研究	葉逯謙編譯	120元
⑦夢的開運法	蕭京凌譯	130元
⑧禪學智慧	柯素娥編譯	130元
⑨女性佛教入門	許俐萍譯	110元
⑩佛像小百科	心靈雅集編譯組	130元
⑪佛教小百科趣談	心靈雅集編譯組	120元
⑫佛教小百科漫談	心靈雅集編譯組	150元
⑬佛教知識小百科	心靈雅集編譯組	150元
⑭佛學名言智慧	松濤弘道著	220元
⑮釋迦名言智慧	松濤弘道著	220元
⑯活人禪	平田精耕著	120元
⑰坐禪入門	柯素娥編譯	120元

⑱現代禪悟	柯素娥編譯	130元
⑲道元禪師語錄	心靈雅集編譯組	130元
⑳佛學經典指南	心靈雅集編譯組	130元
㉑何謂「生」 阿含經	心靈雅集編譯組	150元
㉒一切皆空 般若心經	心靈雅集編譯組	150元
㉓超越迷惘 法句經	心靈雅集編譯組	130元
㉔開拓宇宙觀 華嚴經	心靈雅集編譯組	130元
㉕真實之道 法華經	心靈雅集編譯組	130元
㉖自由自在 涅槃經	心靈雅集編譯組	130元
㉗沈默的教示 維摩經	心靈雅集編譯組	150元
㉘開通心眼 佛語佛戒	心靈雅集編譯組	130元
㉙揭秘寶庫 密教經典	心靈雅集編譯組	130元
㉚坐禪與養生	廖松濤譯	110元
㉛釋尊十戒	柯素娥編譯	120元
㉜佛法與神通	劉欣如編著	120元
㉝悟（正法眼藏的世界）	柯素娥編譯	120元
㉞只管打坐	劉欣如編譯	120元
㉟喬答摩・佛陀傳	劉欣如編著	120元
㊱唐玄奘留學記	劉欣如編譯	120元
㊲佛教的人生觀	劉欣如編譯	110元
㊳無門關（上卷）	心靈雅集編譯組	150元
㊴無門關（下卷）	心靈雅集編譯組	150元
㊵業的思想	劉欣如編著	130元
㊶佛法難學嗎	劉欣如著	140元
㊷佛法實用嗎	劉欣如著	140元
㊸佛法殊勝嗎	劉欣如著	140元
㊹因果報應法則	李常傳編	140元
㊺佛教醫學的奧秘	劉欣如編著	150元
㊻紅塵絕唱	海 若著	130元
㊼佛教生活風情	洪丕謨、姜玉珍著	220元
㊽行住坐臥有佛法	劉欣如著	160元
㊾起心動念是佛法	劉欣如著	160元
㊿四字禪語	曹洞宗青年會	200元
51妙法蓮華經	劉欣如編著	160元

・經 營 管 理・電腦編號 01

◎創新經營管理六十六大計（精）	蔡弘文編	780元
①如何獲取生意情報	蘇燕謀譯	110元
②經濟常識問答	蘇燕謀譯	130元
③股票致富68秘訣	簡文祥譯	200元

④台灣商戰風雲錄	陳中雄著	120元
⑤推銷大王秘錄	原一平著	180元
⑥新創意・賺大錢	王家成譯	90元
⑦工廠管理新手法	琪　輝著	120元
⑧奇蹟推銷術	蘇燕謀譯	100元
⑨經營參謀	柯順隆譯	120元
⑩美國實業24小時	柯順隆譯	80元
⑪撼動人心的推銷法	原一平著	150元
⑫高竿經營法	蔡弘文編	120元
⑬如何掌握顧客	柯順隆譯	150元
⑭一等一賺錢策略	蔡弘文編	120元
⑯成功經營妙方	鐘文訓著	120元
⑰一流的管理	蔡弘文編	150元
⑱外國人看中韓經濟	劉華亭譯	150元
⑲企業不良幹部群相	琪輝編著	120元
⑳突破商場人際學	林振輝編著	90元
㉑無中生有術	琪輝編著	140元
㉒如何使女人打開錢包	林振輝編著	100元
㉓操縱上司術	邑井操著	90元
㉔小公司經營策略	王嘉誠著	160元
㉕成功的會議技巧	鐘文訓編譯	100元
㉖新時代老闆學	黃柏松編著	100元
㉗如何創造商場智囊團	林振輝編譯	150元
㉘十分鐘推銷術	林振輝編譯	120元
㉙五分鐘育才	黃柏松編譯	100元
㉚成功商場戰術	陸明編譯	100元
㉛商場談話技巧	劉華亭編譯	120元
㉜企業帝王學	鐘文訓譯	90元
㉝自我經濟學	廖松濤編譯	100元
㉞一流的經營	陶田生編著	120元
㉟女性職員管理術	王昭國編譯	120元
㊱ＩＢＭ的人事管理	鐘文訓編譯	150元
㊲現代電腦常識	王昭國編譯	150元
㊳電腦管理的危機	鐘文訓編譯	120元
㊴如何發揮廣告效果	王昭國編譯	150元
㊵最新管理技巧	王昭國編譯	150元
㊶一流推銷術	廖松濤編譯	150元
㊷包裝與促銷技巧	王昭國編譯	130元
㊸企業王國指揮塔	松下幸之助著	120元
㊹企業精銳兵團	松下幸之助著	120元
㊺企業人事管理	松下幸之助著	100元

㊻華僑經商致富術	廖松濤編譯	130元
㊼豐田式銷售技巧	廖松濤編譯	120元
㊽如何掌握銷售技巧	王昭國編著	130元
㊿洞燭機先的經營	鐘文訓編譯	150元
52新世紀的服務業	鐘文訓編譯	100元
53成功的領導者	廖松濤編譯	120元
54女推銷員成功術	李玉瓊編譯	130元
55ＩＢＭ人才培育術	鐘文訓編譯	100元
56企業人自我突破法	黃琪輝編著	150元
58財富開發術	蔡弘文編著	130元
59成功的店舖設計	鐘文訓編著	150元
61企管回春法	蔡弘文編著	130元
62小企業經營指南	鐘文訓編譯	100元
63商場致勝名言	鐘文訓編譯	150元
64迎接商業新時代	廖松濤編譯	100元
66新手股票投資入門	何朝乾 編	180元
67上揚股與下跌股	何朝乾編譯	180元
68股票速成學	何朝乾編譯	180元
69理財與股票投資策略	黃俊豪編著	180元
70黃金投資策略	黃俊豪編著	180元
71厚黑管理學	廖松濤編譯	180元
72股市致勝格言	呂梅莎編譯	180元
73透視西武集團	林谷燁編譯	150元
76巡迴行銷術	陳蒼杰譯	150元
77推銷的魔術	王嘉誠譯	120元
7860秒指導部屬	周蓮芬編譯	150元
79精銳女推銷員特訓	李玉瓊編譯	130元
80企劃、提案、報告圖表的技巧	鄭汶 譯	180元
81海外不動產投資	許達守編譯	150元
82八百伴的世界策略	李玉瓊譯	150元
83服務業品質管理	吳宜芬譯	180元
84零庫存銷售	黃東謙編譯	150元
85三分鐘推銷管理	劉名揚編譯	150元
86推銷大王奮鬥史	原一平著	150元
87豐田汽車的生產管理	林谷燁編譯	150元

•成功寶庫• 電腦編號 02

①上班族交際術	江森滋著	100元
②拍馬屁訣竅	廖玉山編譯	110元
④聽話的藝術	歐陽輝編譯	110元

⑨求職轉業成功術	陳　義編著	110元
⑩上班族禮儀	廖玉山編著	120元
⑪接近心理學	李玉瓊編著	100元
⑫創造自信的新人生	廖松濤編著	120元
⑭上班族如何出人頭地	廖松濤編著	100元
⑮神奇瞬間瞑想法	廖松濤編譯	100元
⑯人生成功之鑰	楊意苓編著	150元
⑱潛在心理術	多湖輝　著	100元
⑲給企業人的諍言	鐘文訓編著	120元
⑳企業家自律訓練法	陳　義編譯	100元
㉑上班族妖怪學	廖松濤編著	100元
㉒猶太人縱橫世界的奇蹟	孟佑政編著	110元
㉓訪問推銷術	黃静香編著	130元
㉕你是上班族中強者	嚴思圖編著	100元
㉖向失敗挑戰	黃静香編著	100元
㉙機智應對術	李玉瓊編著	130元
㉚成功頓悟100則	蕭京凌編譯	130元
㉛掌握好運100則	蕭京凌編譯	110元
㉜知性幽默	李玉瓊編譯	130元
㉝熟記對方絕招	黃静香編譯	100元
㉞男性成功秘訣	陳蒼杰編譯	130元
㊱業務員成功秘方	李玉瓊編著	120元
㊲察言觀色的技巧	劉華亭編著	130元
㊳一流領導力	施義彥編譯	120元
㊴一流說服力	李玉瓊編著	130元
㊵30秒鐘推銷術	廖松濤編譯	150元
㊶猶太成功商法	周蓮芬編譯	120元
㊷尖端時代行銷策略	陳蒼杰編著	100元
㊸顧客管理學	廖松濤編著	100元
㊹如何使對方說Yes	程　羲編著	150元
㊺如何提高工作效率	劉華亭編著	150元
㊼上班族口才學	楊鴻儒譯	120元
㊽上班族新鮮人須知	程　羲編著	120元
㊾如何左右逢源	程　羲編著	130元
㊿語言的心理戰	多湖輝著	130元
51扣人心弦演說術	劉名揚編著	120元
53如何增進記憶力、集中力	廖松濤譯	130元
55性惡企業管理學	陳蒼杰譯	130元
56自我啟發200招	楊鴻儒編著	150元
57做個傑出女職員	劉名揚編著	130元
58靈活的集團營運術	楊鴻儒編著	120元

⑥⓪個案研究活用法	楊鴻儒編著	130元
⑥①企業教育訓練遊戲	楊鴻儒編著	120元
⑥②管理者的智慧	程　義編譯	130元
⑥③做個佼佼管理者	馬筱莉編譯	130元
⑥④智慧型說話技巧	沈永嘉編譯	130元
⑥⑥活用佛學於經營	松濤弘道著	150元
⑥⑦活用禪學於企業	柯素娥編譯	130元
⑥⑧詭辯的智慧	沈永嘉編譯	150元
⑥⑨幽默詭辯術	廖玉山編譯	150元
⑦⓪拿破崙智慧箴言	柯素娥編譯	130元
⑦①自我培育・超越	蕭京凌編譯	150元
⑦④時間即一切	沈永嘉編譯	130元
⑦⑤自我脫胎換骨	柯素娥譯	150元
⑦⑥贏在起跑點—人才培育鐵則	楊鴻儒編譯	150元
⑦⑦做一枚活棋	李玉瓊編譯	130元
⑦⑧面試成功戰略	柯素娥編譯	130元
⑦⑨自我介紹與社交禮儀	柯素娥編譯	150元
⑧⓪說NO的技巧	廖玉山編譯	130元
⑧①瞬間攻破心防法	廖玉山編譯	120元
⑧②改變一生的名言	李玉瓊編譯	130元
⑧③性格性向創前程	楊鴻儒編譯	130元
⑧④訪問行銷新竅門	廖玉山編譯	150元
⑧⑤無所不達的推銷話術	李玉瓊編譯	150元

・處 世 智 慧・電腦編號 03

①如何改變你自己	陸明編譯	120元
②人性心理陷阱	多湖輝著	90元
④幽默說話術	林振輝編譯	120元
⑤讀書36計	黃柏松編譯	120元
⑥靈感成功術	譚繼山編譯	80元
⑧扭轉一生的五分鐘	黃柏松編譯	100元
⑨知人、知面、知其心	林振輝譯	110元
⑩現代人的詭計	林振輝譯	100元
⑫如何利用你的時間	蘇遠謀譯	80元
⑬口才必勝術	黃柏松編譯	120元
⑭女性的智慧	譚繼山編譯	90元
⑮如何突破孤獨	張文志編譯	80元
⑯人生的體驗	陸明編譯	80元
⑰微笑社交術	張芳明譯	90元
⑱幽默吹牛術	金子登著	90元

⑲攻心說服術	多湖輝著	100元
⑳當機立斷	陸明編譯	70元
㉑勝利者的戰略	宋恩臨編譯	80元
㉒如何交朋友	安紀芳編著	70元
㉓鬥智奇謀（諸葛孔明兵法）	陳炳崑著	70元
㉔慧心良言	亦　奇著	80元
㉕名家慧語	蔡逸鴻主編	90元
㉗稱霸者啟示金言	黃柏松編譯	90元
㉘如何發揮你的潛能	陸明編譯	90元
㉙女人身態語言學	李常傳譯	130元
㉚摸透女人心	張文志譯	90元
㉛現代戀愛秘訣	王家成譯	70元
㉜給女人的悄悄話	妮倩編譯	90元
㉞如何開拓快樂人生	陸明編譯	90元
㉟驚人時間活用法	鐘文訓譯	80元
㊱成功的捷徑	鐘文訓譯	70元
㊲幽默逗笑術	林振輝著	120元
㊳活用血型讀書法	陳炳崑譯	80元
㊴心　燈	葉于模著	100元
㊵當心受騙	林顯茂譯	90元
㊶心・體・命運	蘇燕謀譯	70元
㊷如何使頭腦更敏銳	陸明編譯	70元
㊸宮本武藏五輪書金言錄	宮本武藏著	100元
㊺勇者的智慧	黃柏松編譯	80元
㊼成熟的愛	林振輝譯	120元
㊽現代女性駕馭術	蔡德華著	90元
㊾禁忌遊戲	酒井潔著	90元
㊿摸透男人心	劉華亭編譯	80元
53如何達成願望	謝世輝著	90元
54創造奇蹟的「想念法」	謝世輝著	90元
55創造成功奇蹟	謝世輝著	90元
56男女幽默趣典	劉華亭譯	90元
57幻想與成功	廖松濤譯	80元
58反派角色的啟示	廖松濤編譯	70元
59現代女性須知	劉華亭編著	75元
61機智說話術	劉華亭編譯	100元
62如何突破內向	姜倩怡編譯	110元
64讀心術入門	王家成編譯	100元
65如何解除內心壓力	林美羽編著	110元
66取信於人的技巧	多湖輝著	110元
67如何培養堅強的自我	林美羽編著	90元

⑱自我能力的開拓	卓一凡編著	110元
⑳縱橫交涉術	嚴思圖編著	90元
㉑如何培養妳的魅力	劉文珊編著	90元
㉒魅力的力量	姜倩怡編著	90元
㉓金錢心理學	多湖輝著	100元
㉔語言的圈套	多湖輝著	110元
㉕個性膽怯者的成功術	廖松濤編譯	100元
㉖人性的光輝	文可式編著	90元
㉘驚人的速讀術	鐘文訓編譯	90元
㉙培養靈敏頭腦秘訣	廖玉山編著	90元
㉚夜晚心理術	鄭秀美編譯	80元
㉛如何做個成熟的女性	李玉瓊編著	80元
㉜現代女性成功術	劉文珊編著	90元
㉝成功說話技巧	梁惠珠編譯	100元
㉞人生的真諦	鐘文訓編譯	100元
㉟妳是人見人愛的女孩	廖松濤編著	120元
㊲指尖・頭腦體操	蕭京凌編譯	90元
㊳電話應對禮儀	蕭京凌編著	120元
㊴自我表現的威力	廖松濤編譯	100元
㊵名人名語啟示錄	喬家楓編著	100元
㊶男與女的哲思	程鐘梅編譯	110元
㊷靈思慧語	牧　風著	110元
㊸心靈夜語	牧　風著	100元
㊹激盪腦力訓練	廖松濤編譯	100元
㊺三分鐘頭腦活性法	廖玉山編譯	110元
㊻星期一的智慧	廖玉山編譯	100元
㊼溝通說服術	賴文琇編譯	100元
㊽超速讀超記憶法	廖松濤編譯	140元

・健康與美容・電腦編號 04

①B型肝炎預防與治療	曾慧琪譯	130元
③媚酒傳（中國王朝秘酒）	陸明主編	120元
④藥酒與健康果菜汁	成玉主編	150元
⑤中國回春健康術	蔡一藩著	100元
⑥奇蹟的斷食療法	蘇燕謀譯	110元
⑧健美食物法	陳炳崑譯	120元
⑨驚異的漢方療法	唐龍編著	90元
⑩不老強精食	唐龍編著	100元
⑪經脈美容法	月乃桂子著	90元
⑫五分鐘跳繩健身法	蘇明達譯	100元

⑬睡眠健康法	王家成譯	80元
⑭你就是名醫	張芳明譯	90元
⑮如何保護你的眼睛	蘇燕謀譯	70元
⑯自我指壓術	今井義晴著	120元
⑰室內身體鍛鍊法	陳炳崑譯	100元
⑲釋迦長壽健康法	譚繼山譯	90元
⑳腳部按摩健康法	譚繼山譯	120元
㉑自律健康法	蘇明達譯	90元
㉓身心保健座右銘	張仁福著	160元
㉔腦中風家庭看護與運動治療	林振輝譯	100元
㉕秘傳醫學人相術	成玉主編	120元
㉖導引術入門⑴治療慢性病	成玉主編	110元
㉗導引術入門⑵健康・美容	成玉主編	110元
㉘導引術入門⑶身心健康法	成玉主編	110元
㉙妙用靈藥・蘆薈	李常傳譯	150元
㉚萬病回春百科	吳通華著	150元
㉛初次懷孕的10個月	成玉編譯	130元
㉜中國秘傳氣功治百病	陳炳崑編譯	130元
㉞仙人成仙術	陸明編譯	100元
㉟仙人長生不老學	陸明編譯	100元
㊱釋迦秘傳米粒刺激法	鐘文訓譯	120元
㊲痔・治療與預防	陸明編譯	130元
㊳自我防身絕技	陳炳崑編譯	120元
㊴運動不足時疲勞消除法	廖松濤譯	110元
㊵三溫暖健康法	鐘文訓編譯	90元
㊷維他命C新效果	鐘文訓譯	90元
㊸維他命與健康	鐘文訓譯	150元
㊺森林浴—綠的健康法	劉華亭編譯	80元
㊼導引術入門⑷酒浴健康法	成玉主編	90元
㊽導引術入門⑸不老回春法	成玉主編	90元
㊾山白竹（劍竹）健康法	鐘文訓譯	90元
㊿解救你的心臟	鐘文訓編譯	100元
51牙齒保健法	廖玉山譯	90元
52超人氣功法	陸明編譯	110元
53超能力秘密開發法	廖松濤譯	80元
54借力的奇蹟⑴	力拔山著	100元
55借力的奇蹟⑵	力拔山著	100元
56五分鐘小睡健康法	呂添發撰	120元
57禿髮、白髮預防與治療	陳炳崑撰	120元
58吃出健康藥膳	劉大器著	100元
59艾草健康法	張汝明編譯	90元

⑥⓪一分鐘健康診斷	蕭京凌編譯	90元
⑥①念術入門	黃靜香編譯	90元
⑥②念術健康法	黃靜香編譯	90元
⑥③健身回春法	梁惠珠編譯	100元
⑥④姿勢養生法	黃秀娟編譯	90元
⑥⑤仙人瞑想法	鐘文訓譯	120元
⑥⑥人蔘的神效	林慶旺譯	100元
⑥⑦奇穴治百病	吳通華著	120元
⑥⑧中國傳統健康法	靳海東著	100元
⑥⑨下半身減肥法	納他夏・史達賓著	110元
⑦⓪使妳的肌膚更亮麗	楊　皓編譯	100元
⑦①酵素健康法	楊　皓編譯	120元
⑦③腰痛預防與治療	五味雅吉著	100元
⑦④如何預防心臟病・腦中風	譚定長等著	100元
⑦⑤少女的生理秘密	蕭京凌譯	120元
⑦⑥頭部按摩與針灸	楊鴻儒譯	100元
⑦⑦雙極療術入門	林聖道著	100元
⑦⑧氣功自療法	梁景蓮著	120元
⑦⑨大蒜健康法	李玉瓊編譯	100元
⑧⓪紅蘿蔔汁斷食療法	李玉瓊譯	120元
⑧①健胸美容秘訣	黃靜香譯	120元
⑧②鍺奇蹟療效	林宏儒譯	120元
⑧③三分鐘健身運動	廖玉山譯	120元
⑧④尿療法的奇蹟	廖玉山譯	120元
⑧⑤神奇的聚積療法	廖玉山譯	120元
⑧⑥預防運動傷害伸展體操	楊鴻儒編譯	120元
⑧⑦糖尿病預防與治療	石莉涓譯	150元
⑧⑧五日就能改變你	柯素娥譯	110元
⑧⑨三分鐘氣功健康法	陳美華譯	120元
⑨⓪痛風劇痛消除法	余昇凌譯	120元
⑨①道家氣功術	早島正雄著	130元
⑨②氣功減肥術	早島正雄著	120元
⑨③超能力氣功法	柯素娥譯	130元
⑨④氣的瞑想法	早島正雄著	120元

・家庭／生活・電腦編號05

①單身女郎生活經驗談	廖玉山編著	100元
②血型・人際關係	黃靜編著	120元
③血型・妻子	黃靜編著	110元
④血型・丈夫	廖玉山編譯	130元

國立中央圖書館出版品預行編目資料

地球文明的超革命/深野一幸著；吳秋嬌譯，
——初版，——臺北市；大展，民84
面；　　公分，——（超現實心靈講座；7）
譯自：地球文明の超革命
ISBN 957-557-538-5（平裝）
1.能源　2.能源問題

554.68　　　　84007875

地球文明的超革命　　ISBN 957-557-538-5

原著者/深野一幸
編譯者/吳秋嬌
發行人/蔡森明
出版者/大展出版社有限公司
社址/台北市北投區（石牌）致遠一路2段12巷1號
電話/（02）8236031·8236033
傳真/（02）8272069
郵政劃撥/0166955-1
登記證/局版臺業字第2171號
法律顧問/劉鈞男律師
承印者/高星企業有限公司
裝訂/日新裝訂所
排版者/宏益電腦排版有限公司
電話/（02）5611592
初版/1995年（民84年）9月
定價/200元

大展好書 好書大展

大展好書　好書大展